CONTEÚDO DIGITAL PARA ALUNOS
Cadastre-se e transforme seus estudos em uma experiência única de aprendizado:

1

Entre na página de cadastro:
www.editoradobrasil.com.br/sistemas/cadastro

2

Além dos seus dados pessoais e de sua escola, adicione ao cadastro o código do aluno, que garantirá a exclusividade do seu ingresso a plataforma.

2176661A4217158

CB015063

3

Depois, acesse: **www.editoradobrasil.com.br/leb**
e navegue pelos conteúdos digitais de sua coleção :D

Lembre-se de que esse código, pessoal e intransferível, é valido por um ano. Guarde-o com cuidado, pois é a única maneira de você utilizar os conteúdos da plataforma.

Editora do Brasil

AKPALÔ
LEITURA E PRODUÇÃO DE TEXTO

Cláudia Miranda
- Mestre em Educação pela Universidade Católica de Petrópolis (UCP)
- Especialista em Teoria da Literatura e em Literatura Comparada pela Universidade Federal de Juiz de Fora (UFJF)
- Licenciada em Letras pela Universidade Federal de Juiz de Fora (UFJF)

Jaciluz Dias
- Doutoranda em Linguística pelo Programa de Pós-Graduação em Linguística da Universidade Federal de Juiz de Fora (UFJF)
- Mestra em Educação pela Universidade Federal de Lavras (UFLA)
- Licenciada em Letras (Licenciatura Plena) pelo Centro de Ensino Superior de Juiz de Fora (PUC Minas)

Priscila Ramos de Azevedo
- Graduada em Letras pelo Centro Universitário Ibero-Americano (Unibero-SP)
- Professora de Língua Portuguesa do Ensino Fundamental na rede privada de ensino

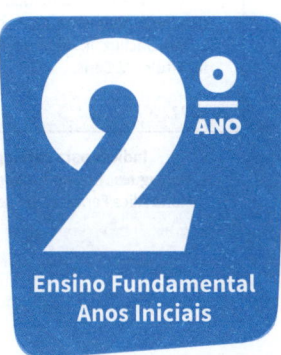

2º ANO
Ensino Fundamental
Anos Iniciais

LEITURA E PRODUÇÃO DE TEXTO

AKPALÔ
Palavra de origem africana que significa "contador de histórias, aquele que guarda e transmite a memória do seu povo".

1ª edição
São Paulo, 2021

Editora do Brasil

Dados Internacionais de Catalogação na Publicação (CIP)
(Câmara Brasileira do Livro, SP, Brasil)

Miranda, Cláudia
  Akpalô leitura e produção de texto, 2º ano / Cláudia Miranda, Jaciluz Dias, Priscila Ramos de Azevedo. -- 1. ed. -- São Paulo : Editora do Brasil, 2021. -- (Coleção Akpalô)

  Bibliografia.
  ISBN 978-65-5817-033-4 (aluno)
  ISBN 978-65-5817-034-1 (professor)

  1. Leitura (Ensino fundamental) 2. Português (Ensino fundamental) 3. Textos (Ensino fundamental) I. Dias, Jaciluz. II. Azevedo, Priscila Ramos de. III. Título. IV. Série.

20-50272   CDD-372.6

Índices para catálogo sistemático:
1. Português : Ensino fundamental 372.6
Maria Alice Ferreira - Bibliotecária - CRB-8/7964

Rua Conselheiro Nébias, 887
São Paulo, SP – CEP 01203-001
Fone: +55 11 3226-0211
www.editoradobrasil.com.br

© Editora do Brasil S.A., 2021
Todos os direitos reservados

Direção-geral: Vicente Tortamano Avanso

Direção editorial: Felipe Ramos Poletti
Gerência editorial: Erika Caldin
Supervisão de arte: Andrea Melo
Supervisão de diagramação: Abdonildo Santos
Supervisão de revisão: Dora Helena Feres
Supervisão de iconografia: Léo Burgos
Supervisão de digital: Ethel Shuña Queiroz
Supervisão de controle de processos editoriais: Roseli Said
Supervisão de direitos autorais: Marilisa Bertolone Mendes

Supervisão editorial: Selma Corrêa
Assistência editorial: Gabriel Madeira e Olivia Yumi Duarte
Capa: Megalo Design
Imagens de capa: Koba Samurkasov/Dreamstime.com, RichVintage/iStockphoto.com e Rawpxel/iStockphoto.com

Licenciamentos de textos: Cinthya Utiyama, Jennifer Xavier, Paula Harue Tozaki e Renata Garbellini
Controle de processos editoriais: Bruna Alves, Carlos Nunes, Rita Poliane, Terezinha de Fátima Oliveira e Valéria Alves

1ª edição / 1ª impressão, 2021
Impresso na Melting Indústria Gráfica

Concepção, desenvolvimento e produção: Triolet Editorial & Publicações
Direção executiva: Angélica Pizzutto Pozzani
Coordenação editorial: Priscila Cruz
Edição de texto: Adriane Gozzo, Carmen Lucia Ferrari, Claudia Cantarin, Juliana Biscardi, Solange Martins e Thais Ogassawara
Preparação e revisão de texto: Ana Carolina Lima de Jesuz, Ana Paula Chabaribery, Arali Lobo Gomes, Brenda Morais, Celia Carvalho, Daniela Lima Alvares, Daniela Pita, Erika Finati, Gloria Cunha, Helaine Naira, Lara Milani, Marcia Leme, Miriam dos Santos, Renata de Paula Truyts, Renata Tavares, Roseli Batista Folli Simões e Simone Soares Garcia
Coordenação de arte e produção: Daniela Fogaça Salvador
Edição de arte: Ana Onofri, Julia Nakano e Suzana Massini
Ilustradores: Brenda Bossato, Enágio Coelho, Filipe Rocha, Joana Resek e Sandra Lavandeira
Iconografia: Daniela Baraúna

Querido aluno, querida aluna,

Este livro foi escrito pensando em você.

A leitura e a escrita ocupam um lugar muito importante no dia a dia. Por isso, como professoras e autoras desta coleção, tivemos um desafio: escrever um livro que leve você a descobrir essa importância e desperte, cada dia mais, seu gosto pela leitura e pela escrita.

Então, pesquisamos textos em estilos e linguagens diversos que consideramos interessantes e podem despertar seu interesse por assuntos que merecem atenção.

Você vai ler, escrever e produzir textos escritos, orais e multimodais de uma grande variedade de gêneros. Afinal, vivemos cercados pelos diferentes usos que as pessoas fazem da língua e das diversas manifestações da linguagem.

Enfim, acreditamos que, aprendendo a nos comunicar por meio dos recursos a nossa disposição, poderemos entender melhor o mundo em que vivemos e, também, interagir mais plenamente com tudo o que está ao nosso redor.

Boas leituras!

Um abraço,
As autoras

Sumário

UNIDADE 1
Primeiras leituras 6

Texto 1 - *O menino que aprendeu a ver* 8
- Interagindo com o conto 10
- Intervalo – Texto verbal e não verbal 12

Texto 2 - *Uma definitiva presença* 14
- Interagindo com o relato de memória 15
- Oficina de produção –
  Relato de memória 18
- Conheça 19

UNIDADE 2
Eu e os outros 20

Texto 1 – *Diário de Biloca* 22
- Interagindo com o bilhete 23

Texto 2 – *De carta em carta* 25
- Interagindo com a carta 26
- Intervalo – Segmentação de palavras 27
- Oficina de produção – Bilhete 28
- Conheça 29

UNIDADE 3
Versos e histórias 30

Texto 1 - *A barata diz que tem* 32
- Interagindo com a cantiga de roda 33

Texto 2 - *É mentira da barata?* 35
- Interagindo com a narrativa em verso 37
- Intervalo – Separação de sílabas 40
- Oficina de produção - Criação de conto
  com personagem de texto lido 42
- Conheça 43

UNIDADE 4
Fadas e bruxas 44

Texto 1 - *Bruxas* 46
- Interagindo com a crônica 49
- Intervalo – Pontuação e sentido 52

Texto 2 - *Bruxinha Zuzu e gato Miú* 54
- Interagindo com a história em quadrinhos ... 56
- Oficina de produção - Da HQ à narrativa
  escrita 58
- Conheça 59

UNIDADE 5
No mundo das invenções 60

Texto 1 - *A invenção do futebol* 62
- Interagindo com o poema 63
- Intervalo - Marcas de nasalisação e tempo 66

Texto 2 - *Vamos construir um miniparaquedas?* 68
- Interagindo com o experimento científico 69
- Oficina de produção - Relatório de experimento científico 72
- Conheça 73

UNIDADE 6
A natureza pede socorro 74

Texto 1 - *Desmatamento na floresta* 76
- Interagindo com o cartum 77

Texto 2 - *Dia da árvore: cuide delas!* 79
- Interagindo com a notícia 81
- Intervalo – Fotolegenda 83
- Oficina de produção – Jornal falado 84
- Conheça 85

UNIDADE 7
Hora de conscientizar 86

Texto 1 – *Movimento Vacina Brasil* 88
- Interagindo com a campanha educativa 89

Texto 2 – *Tire dúvidas sobre as vacinas* 92
- Interagindo com o texto de divulgação científica 93
- Intervalo – Sinônimo e antônimo 95
- Oficina de produção – Campanha educativa 96
- Conheça 97

UNIDADE 8
Tem elefante na história 98

Texto 1 – *O elefante não esquece!* 100
- Interagindo com a história em quadrinhos 101
- Intervalo – Diminutivo e aumentativo 103

Texto 2 – *Elefanta Ramba chega ao Brasil* 105
- Interagindo com a notícia 107
- Oficina de produção - Notícia 110
- Conheça 111

Bibliografia 112

Brenda Bossato

UNIDADE 1
Primeiras leituras

O que você vai estudar?
Gêneros
- Conto
- Relato de memória

Intervalo
- Texto verbal e texto não verbal

O que você vai produzir?
Oficina de produção
- Relato de memória

Antes de ler

1. Quando você anda pelas ruas, consegue entender o que está escrito nas placas e nos cartazes?

2. Leia o título do texto a seguir. O que será que o menino aprendeu a ver?

O menino que aprendeu a ver

Ruth Rocha

João vivia espantado...
Que mundo mais engraçado!
Quanta coisa que há no mundo:
Há coisas que a gente entende...
E coisas que a gente não entende!
Na frente das lojas, por exemplo, em cima dos prédios, nos cartazes...
Algumas figuras João entendia: [...]
Mas havia outros sinais que Joãozinho não sabia. O que seriam?
Em cada rua, na esquina, uma placa pequenina.
[...]
João olhava, olhava e via uma porção de desenhos [...]
Um dia, a mãe de João disse pra ele:

— Meu filho, você precisa ir pro colégio, aprender a ler, aprender todas as coisas...

— Que coisas, mãe?

— As letras, João, os números. Você vive perguntando coisas.

No dia seguinte, cedo, João foi para o colégio.

[...]

Até que chegou um dia em que João olhou a placa da rua onde ele morava. E lá estava:

[...]

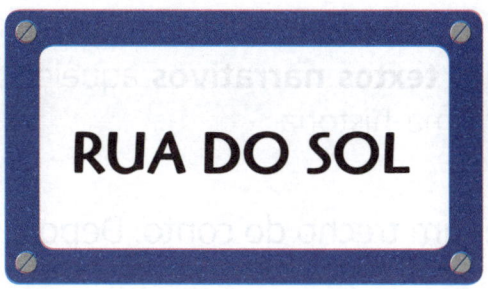

E, de repente, João compreendeu:

— Gente, eu já sei ler!

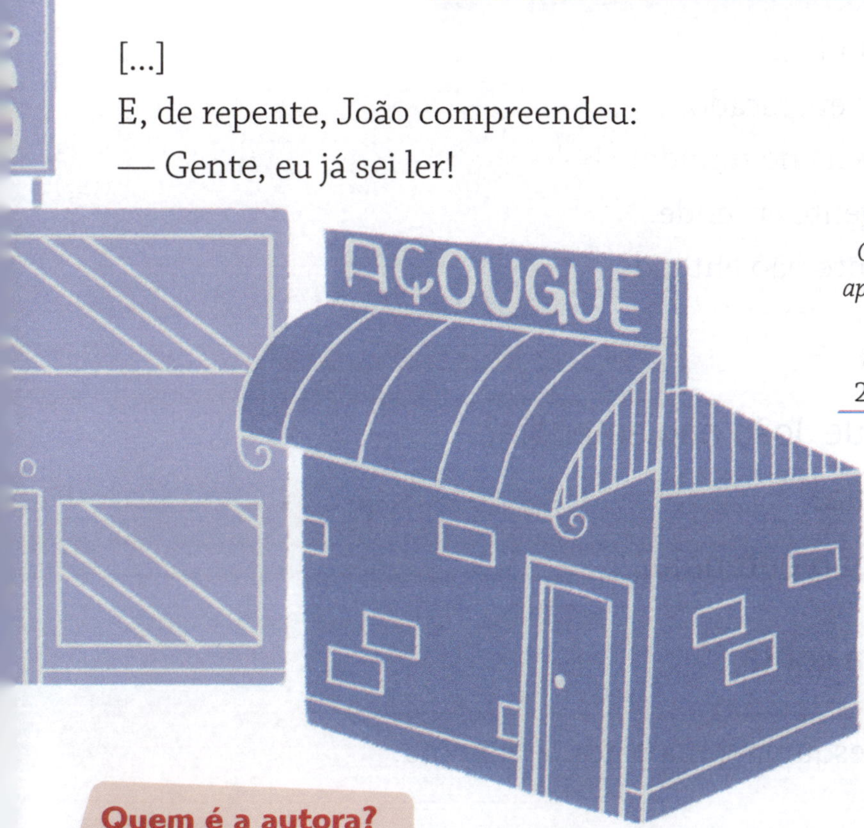

Editora Salamandra

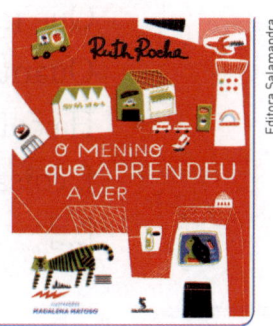

Ruth Rocha. *O menino que aprendeu a ver*. São Paulo: Salamandra, 2013. *E-book*.

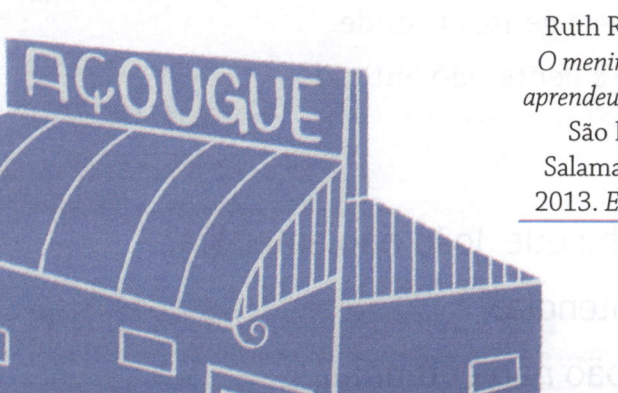

Quem é a autora?

Fabio Guinalz/Fotoarena

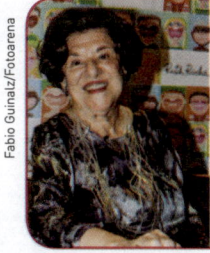

Ruth Rocha nasceu em São Paulo, em 2 de março de 1931. É formada em Ciências Políticas e Sociais. Além de escritora, já foi orientadora educacional e editora. Seu primeiro livro foi *Palavras, muitas palavras*, publicado em 1976. Depois vieram *Marcelo, marmelo, martelo*, *O reizinho mandão* e muitos outros. Em 2008, Ruth Rocha foi eleita membro da Academia Paulista de Letras.

Interagindo com o conto

1 O objetivo principal do texto é:

☐ caracterizar um personagem.

☐ contar uma história.

> São denominados **textos narrativos** aqueles textos cujo objetivo principal é contar uma história.

2 O professor vai reler um trecho do conto. Depois, responda às questões.

> João vivia espantado...
> Que mundo mais engraçado!
> Quanta coisa que há no mundo!
> Há coisas que a gente entende...
> E coisas que a gente não entende!
> [...]

a) O que você acha que João não entendia?

b) O que João entendia?

c) E que sinais João não entendia?

3 O narrador da história conta:

> Em cada rua, na esquina, uma placa pequenina.

- O que geralmente está escrito nas placas que ficam nas esquinas das ruas? Marque um **X** na resposta correta.

☐ O nome da rua.

☐ O nome da cidade.

4 Com a ajuda do professor e dos colegas, leia a seguir outro trecho do conto e observe as ilustrações da atividade.

> Até que chegou um dia em que João olhou a placa da rua onde ele morava. E lá estava:

a) Escreva na placa o nome da rua onde João morava.

b) E como se chama a rua onde você mora? Escreva na placa.

5 Ouça novamente um trecho do conto, prestando atenção na fala de um personagem. Marque um **X** na resposta correta.

> Um dia, a mãe de João disse para ele:
> — Meu filho, você precisa ir pro colégio, aprender a ler, aprender todas as coisas...

a) Qual personagem fala nesse trecho?

☐ Os colegas de João.   ☐ A mãe de João.

b) Em algumas regiões do Brasil, é usada a palavra **colégio**. Em outras, usa-se a palavra **escola**. Qual dessas palavras é mais comum na sua região?

_____

# Intervalo

Texto verbal e texto não verbal

1 Escreva o que cada uma das placas a seguir indica.

a) [placa: figura jogando papel no lixo]

_____

_____

b) [placa: bicicleta com círculo vermelho cortado]

_____

_____

c) [placa: silhueta masculina]

_____

_____

d) [placa: silhueta feminina]

_____

_____

> Um **texto verbal** é escrito com palavras.
> Um **texto não verbal** não contém palavras. Pode ser constituído por imagens, movimentos ou sons, por exemplo.

2 As placas que você analisou na atividade 1 são exemplos de:

☐ texto verbal. ☐ texto não verbal.

3 Converse com os colegas e o professor; depois, responda:

a) Você já viu algumas das placas mostradas na atividade 1? Onde costumam ser colocadas placas como essas?

b) Por que, quando estamos em locais públicos, é importante seguir as regras indicadas pelas placas? O que aconteceria se cada um seguisse as próprias regras?

_____

_____

_____

4 Observe estas placas de rua.

- Elas são exemplos de:

  ☐ texto verbal.   ☐ texto não verbal.

5 É hora de você criar placas, com a ajuda de um colega ou do professor.

a) Crie uma placa que indica que é proibido jogar lixo no chão. Ela pode ser verbal ou não verbal.

b) Agora, crie uma placa que indica que é proibido colher flores. Ela pode ser verbal ou não verbal.

c) Por fim, mostre a toda a turma as placas que você criou.

13

Antes de ler

1. Neste texto, um escritor relata suas memórias sobre a escola. Leia o título do texto. Você acha que as lembranças do escritor são positivas?

 https://www.escrevendoofuturo.org.br/images/stories/publico/material/NPL11.pdf

Uma definitiva presença

Bartolomeu Campos de Queirós

Ela entrava na escola abraçando os nossos cadernos "**Avante**".

Nas horas de leitura em voz alta eu não media esforços. Cada menino lia um pedaço. E a professora escolhia alternado. Ninguém sabia sua hora. Eu acompanhava as linhas do livro com o dedo. Cheio de medo e desejo esperava minha vez. Lia devagar cada palavra, obedecendo à pontuação, controlando o fôlego. Dona Maria Campos dizia que nas vírgulas a gente respirava e no ponto final dava uma paradinha.

Mas o melhor era quando ela nos mandava guardar os objetos. A gente fechava o caderno, guardava o lápis e a borracha dentro do estojo e esperava com os braços cruzados sobre a carteira. Assim, ela continuava mais um pedaço da história.

[...]

Ficava intrigado como num livro tão pequeno cabia tanta história, tanta viagem, tanto encanto. O mundo ficava maior e minha vontade era não morrer nunca para conhecer o mundo inteiro e saber muito, como a professora sabia. O livro me abria caminhos, me ensinava a escolher o destino.

[...]

Bartolomeu Campos de Queirós. Uma definitiva presença. *Na ponta do lápis*, Brasília, ano V, n. 11, p. 26-27, mar. 2009. Disponível em: https://www.escrevendoofuturo.org.br/images/stories/publico/material/NPL11.pdf. Acesso em: 24 abr. 2020.

Glossário

Avante: adiante, à frente.

Quem é o autor?

Bartolomeu Campos de Queirós nasceu em 1944, em Minas Gerais, e faleceu em 2012. Estudou Arte e Educação e escreveu mais de 40 livros para crianças, recebendo muitos prêmios literários.

Interagindo com o relato de memória

1 O texto "Uma presença definitiva" é um **relato de memória**. Marque um **X** na informação verdadeira. No relato de memória, o autor:

☐ relembra fatos que aconteceram em sua vida.

☐ fala da vida de outra pessoa.

> No **relato de memória**, o autor fala de si mesmo e relembra fatos marcantes de sua vida. Geralmente os textos memorialísticos expressam emoções e sentimentos relacionados aos acontecimentos relatados.

2 Leia novamente:

> **Nas horas de leitura em voz alta** eu não media esforços. Cada menino lia um pedaço.

• A expressão destacada transmite ideia de:

☐ lugar. ☐ modo. ☐ tempo.

3 Releia este trecho do relato.

> Ela entrava na escola abraçando os nossos cadernos "Avante". (A sala tinha cheiro de roupa lavada. Tudo limpo como água de mina e o mundo ficava mudo para escutá-la. Sobre a sua mesa pousava uma jarra sempre com flores do mato que os alunos colhiam pelo caminho.)

a) O que o autor do relato descreve no trecho entre parênteses?

_____
_____
_____
_____

b) Na palavra **escutá-la**, o termo sublinhado (**la**) refere-se a quem?

_____

_____

4 Em qual dos trechos a seguir o autor demonstra claramente um sentimento em relação à história que está contando? Marque a opção mais adequada.

☐ "Nas horas de leitura em voz alta eu não media esforços."

☐ "Cada menino lia um pedaço. E a professora escolhia alternado. Ninguém sabia sua hora."

☐ "Eu acompanhava as linhas do livro com o dedo. Cheio de medo e desejo esperava minha vez."

5 Copie o trecho do texto em que o autor do relato relembra os ensinamentos da professora sobre pontuação.

_____

_____

_____

_____

6 Marque um **X** na alternativa correta. No título, a palavra **definitiva** quer dizer que a presença da professora ficou marcada na vida do escritor de forma:

☐ permanente, pois ficou para sempre.

☐ passageira, pois o fato aconteceu na infância.

☐ alegre, pois as aulas eram divertidas.

7 O autor ficava espantado com os livros porque eles:

☐ eram muito pequenos.

☐ continham muitos conhecimentos e histórias.

☐ eram difíceis de entender, até para a professora.

8 Responda às questões a seguir.

a) Por que você acha que o autor deu esse título ao texto? Para ele, quem foi "uma definitiva presença"?

_____
_____
_____
_____

b) Segundo o escritor, qual era o melhor momento da aula? Por quê?

_____
_____
_____
_____

9 O professor vai distribuir um texto para uma leitura coletiva em voz alta. Ele também vai escolher quem vai ler cada trecho. Acompanhe a leitura com o dedo e espere a sua vez. Lembre-se de ler devagar cada palavra, obedecendo à pontuação. O professor vai continuar a leitura da história. Escreva nas linhas a seguir a história que você ouviu.

_____
_____
_____
_____

Oficina de produção

Relato de memória

No **Texto 1** desta unidade, você leu a história de um menino que aprendeu a ler. No **Texto 2**, um escritor relata suas memórias sobre a escola. Que tal, agora, fazer um relato de memória sobre sua experiência com a leitura?

Para começar, vamos recordar as características do gênero.

RECORDAR

1. Observe no mapa mental a seguir as principais características do relato de memória. Utilize as palavras abaixo para completar o que está faltando.

| detalhes | emoções | fatos | vida |

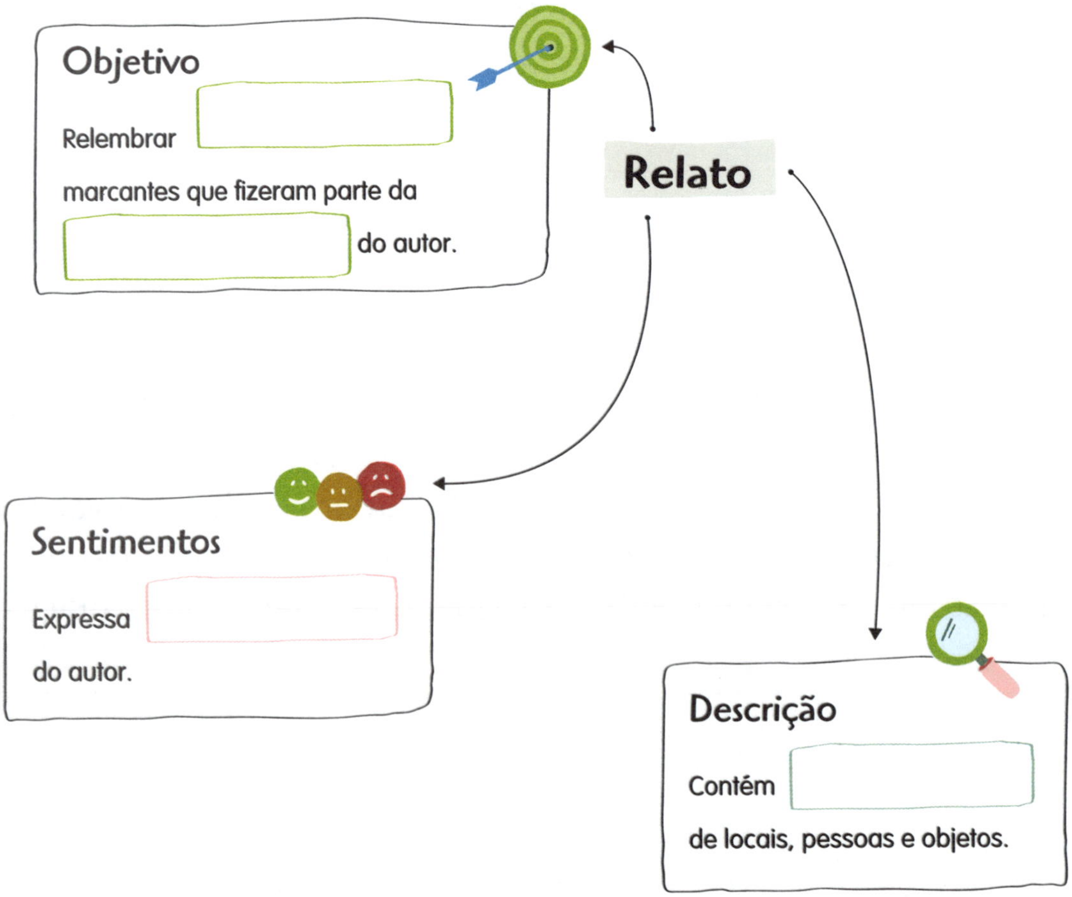

Objetivo

Relembrar _____ marcantes que fizeram parte da _____ do autor.

Relato

Sentimentos

Expressa _____ do autor.

Descrição

Contém _____ de locais, pessoas e objetos.

PLANEJAR

2. Reúna-se em grupo e converse com os colegas sobre as questões a seguir.

- João, o personagem do **Texto 1**, descobriu muitas coisas depois que foi à escola. E você? Que coisas já aprendeu na escola?
- Para o autor do relato de memória (**Texto 2**), o melhor momento da aula era quando a professora contava histórias. E para você, qual é o melhor momento da aula?

PRODUZIR

3. Registre o relato sobre sua experiência com a leitura. Utilize palavras para marcar a passagem do tempo, como **antes**, **depois**, **naquele dia**, **há muito tempo**, **uma vez**.

REVISAR

4. Para revisar o texto, observem:

- Ele relata fatos que já aconteceram?
- Os relatos são pessoais, isto é, abordam assuntos que dizem respeito a quem os escreveu?
- Há descrição do local, dos objetos e das pessoas?

COMPARTILHAR

5. Leia seu texto para os colegas. Em casa, leia-o para as pessoas com quem você mora.

Conheça

Livros
- *O livro encantado*, de Nye Ribeiro. São Paulo: Editora do Brasil, 2014.
  Em um delicioso passeio pelo universo da leitura, uma menina conta seu processo de encantamento com as palavras.

Filme
- *Uma professora muito maluquinha*, de André Alves Pinto e César Rodrigues. Brasil, 2011.
  Inspirado no livro do cartunista Ziraldo, o filme conta a história de Catarina, que, ao retornar à cidade natal, aos 18 anos, começa a dar aulas para crianças. Porém, sua chegada provoca conflitos com moradores da cidade e outras professoras da escola (90 min).

UNIDADE 2
Eu e os outros

O que você vai estudar?
Gêneros
- Bilhete
- Carta

Intervalo
- Segmentação de palavras

O que você vai produzir?
Oficina de produção
- Bilhete

Texto 1

Antes de ler

1. Observe os textos a seguir. Como são chamados esses textos?
2. Por que um dos textos foi escrito com letra cursiva?

Pai, preciso de grana pra comprar um tênis. O meu tá na lona.

Bi

Bi, você não está exagerando?

Comprei um tênis novo no mês passado... Aí vem outro aumento de gasolina e eu também estou na lona! Não dá pra esperar pelo menos até 10 de março?

Pai

Edson Gabriel Garcia. *Diário de Biloca*. São Paulo: Atual, 2003. p. 6.

Quem é o autor?

Edson Gabriel Garcia nasceu em Nova Granada, interior do estado de São Paulo, no dia 4 de junho de 1949. Foi professor, coordenador e diretor de escola. Já publicou muitos livros, que foram até traduzidos para outros idiomas.

Interagindo com o bilhete

1 Releia o primeiro bilhete na página 22 e responda às questões a seguir.

a) O bilhete começa com uma palavra que indica para quem ele foi escrito. Escreva-a no espaço a seguir, utilizando um quadradinho para cada letra.

☐ ☐ ☐

b) Com que objetivo o bilhete foi escrito?

☐ Para contar ao pai sobre um recado deixado por telefone.

☐ Para lembrar o pai do dia de sair para comprar roupa.

☐ Para pedir ao pai dinheiro para comprar um tênis.

2 Releia.

> O meu tá na lona.

- Ligue as informações que se relacionam.

A palavra **meu** se refere	da palavra **está**.
A palavra **tá** é uma forma reduzida	muito ruim.
A expressão **tá na lona** é o mesmo que	ao tênis.

23

3 Releia o segundo bilhete e responda às questões a seguir.

> Bi, você não está exagerando?
> Comprei um tênis novo no mês passado... Aí vem outro aumento de gasolina e eu também estou na lona! Não dá pra esperar pelo menos até 10 de março?
>
> Pai

a) Quem escreveu esse bilhete?

_____

b) Para quem o bilhete foi escrito?

_____

c) Sublinhe no texto acima as perguntas feitas para a pessoa que vai ler o bilhete.

> O **bilhete** é um gênero usado para a comunicação entre pessoas próximas, como amigos e familiares, e contém uma mensagem simples. Os bilhetes podem ser escritos para avisar algo a alguém, fazer um convite, relatar um fato, entre outros.

Antes de ler

1. Observe o texto a seguir. Você acha que vai ler outro bilhete? Por quê?

Meu neto:

Espero que você continue bem. Eu ainda estou cansado e não passo muito bem com este calor.

Eu também gosto muito de você, mesmo quando fico zangado. Também mesmo. Gosto mesmo. Estou sentindo sua falta para me ajudar, mas estou muito satisfeito porque você está indo ao colégio e me escrevendo essas cartas tão direitinho. Fico muito orgulhoso do meu neto. Assim, daqui a uns tempos, eu nem vou precisar mais dos serviços do Seu Miguel. Você mesmo vai poder me ajudar numas cartas muito importantes que eu preciso escrever para o governo há muitos anos.

Atenciosamente,
Seu avô José.

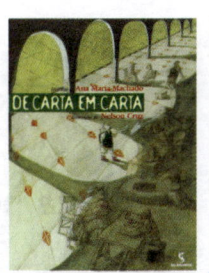

Ana Maria Machado.
De carta em carta.
São Paulo: Salamandra,
2002. p. 24.

Quem é a autora?

Ana Maria Machado nasceu no Rio de Janeiro (RJ), em 1941. Já foi professora e jornalista. Hoje é uma das principais escritoras brasileiras, e sua literatura é voltada principalmente para crianças e adolescentes.

25

Interagindo com a carta

1 O texto que você leu é:

☐ um conto.   ☐ uma carta.   ☐ um *e-mail*.

2 Leia:

> **Destinatário** é a pessoa a quem a carta é enviada.
> **Remetente** é a pessoa que envia a carta.

a) Quem é o remetente da carta?
_____

b) Quem é o destinatário da carta?
_____

3 A carta foi escrita em resposta a uma carta anterior. Que trecho da carta demonstra isso?

☐ "Gosto mesmo."

☐ "Estou sentindo sua falta para me ajudar, mas estou muito satisfeito porque você está indo ao colégio e me escrevendo essas cartas tão direitinho."

☐ "Fico muito orgulhoso do meu neto."

> A **carta pessoal** é um gênero usado para a comunicação entre pessoas próximas, como amigos e familiares. Ela costuma conter local e data em que foi escrita, saudação, mensagem, despedida e assinatura.

4 No dia a dia, com que finalidade bilhetes e cartas são escritos?
_____
_____
_____

Segmentação de palavras

1 Com a ajuda dos colegas e do professor, leia o bilhete ao lado.

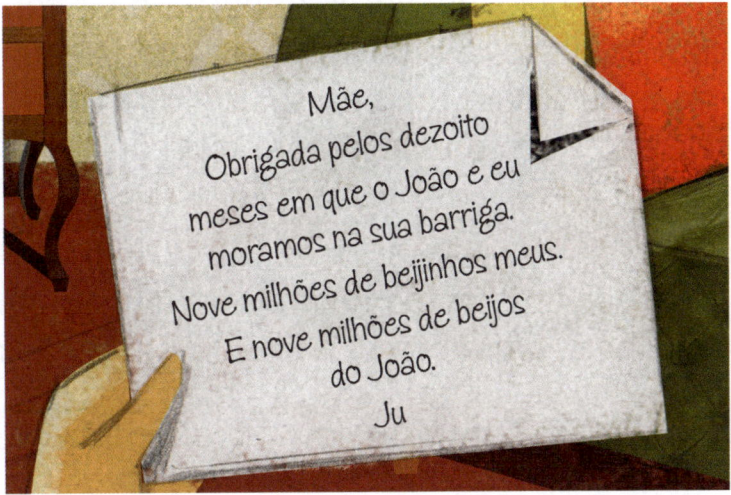

Jonas Ribeiro. *Silêncio de filha*. São Paulo: Editora do Brasil, 2016. p. 18.

a) Separe a palavra a seguir em sílabas e letras, como no modelo.

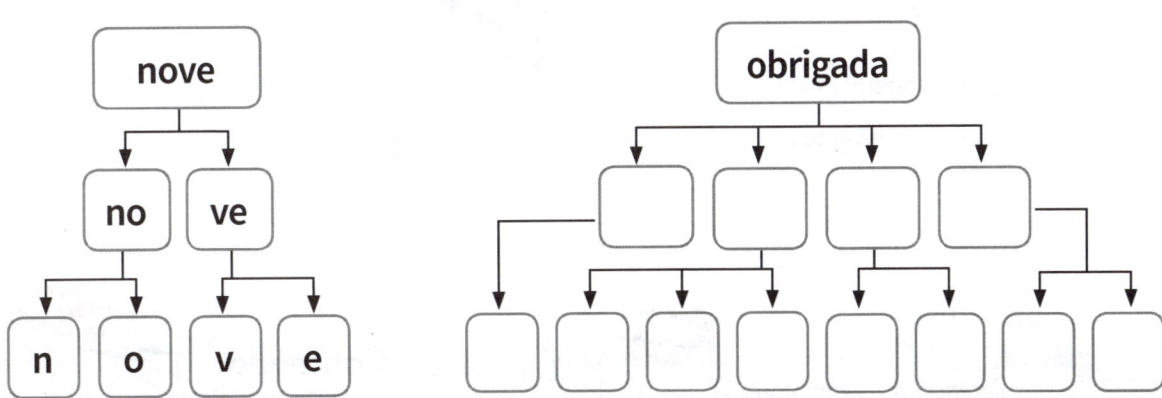

b) No bilhete, o remetente diz **obrigada** à mãe. Pode-se concluir que a pessoa que escreveu o bilhete é...

2 Vamos brincar de formar novas palavras? Para isso, junte as sílabas do quadro a seguir.

A	MI	GO	GA	ZA	DE	CO
LI	NHA	LA	DA	BRI	ÇO	O
JO	ÃO	JU	NA	DO		

27

Oficina de produção

Bilhete

Nesta unidade, você conheceu duas formas escritas de se comunicar com as pessoas: o bilhete e a carta. Agora é sua vez de escrever um bilhete para uma pessoa de que você gosta. Mas, antes, vamos relembrar como esse gênero é organizado.

RECORDAR

1. Observe no mapa mental a seguir as principais características do bilhete. Utilize as palavras abaixo para completar o que falta.

| mensagem | pedido | simples |

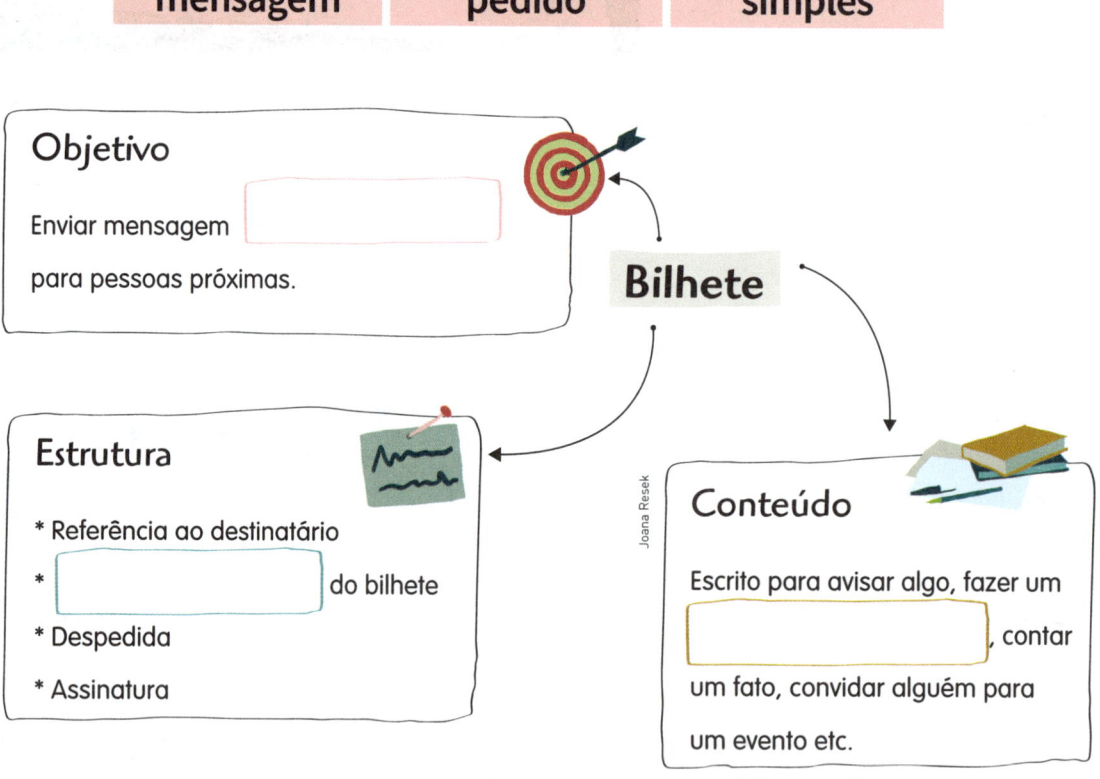

PLANEJAR

2. Pense em como você vai escrever seu bilhete considerando as seguintes perguntas:
- Para quem você vai escrever o bilhete?

- Qual será o conteúdo do bilhete: Você vai fazer um pedido? Ou vai enviar uma mensagem carinhosa? Ou, ainda, vai contar um fato?
- Onde você vai deixar o bilhete? Lembre-se de que precisa ser um lugar onde o bilhete seja visto com facilidade.

PRODUZIR

3. É hora de escrever a mensagem em um pedaço de papel ou em um papel autoadesivo.
4. Comece pelo nome da pessoa que vai receber o bilhete com uma saudação (por exemplo: oi, olá, como vai?).
5. Escreva a mensagem do bilhete, que deve ser curta: um pedido, um aviso, um relato, um convite, entre outras.
6. Escreva uma despedida (por exemplo: até logo, um beijo, um abraço).
7. No final, assine o bilhete com seu nome.

REVISAR

8. Entregue o bilhete que você escreveu para o professor. Ele poderá sugerir alguma alteração para deixar o texto mais claro.

COMPARTILHAR

9. Coloque o bilhete em um lugar visível para a pessoa que vai recebê-lo.
10. Você pode criar o hábito de escrever bilhetes e espalhá-los pela casa ou pela sala de aula, com mensagens carinhosas a seus familiares e amigos.

Conheça

Livro
- *Fazenda ponto com*, de Jótah. São Paulo: Editora do Brasil, 2011.
  Os animais da fazenda estão organizando uma festa surpresa para o fazendeiro e enviam os convites por mensagens virtuais. Mas, para entender o convite, é preciso desvendar uma carta enigmática.

UNIDADE 3
Versos e histórias

O que você vai estudar?
Gêneros
- Cantiga de roda
- Narrativa em verso

Intervalo
- Separação de sílabas

O que você vai produzir?
Oficina de produção
- Criação de conto com personagem de texto lido

Texto 1

Antes de ler

1. Observe o texto que você vai ler: é uma cantiga de roda. Por que o texto recebe essa denominação? O que você sabe sobre isso?
2. O texto é escrito em versos ou em prosa?

A barata diz que tem

A barata diz que tem
sete saias de filó.
É mentira da barata,
ela tem é uma só.
Rá! Rá! Rá! Ró! Ró! Ró!
Ela tem é uma só!
Rá! Rá! Rá! Ró! Ró! Ró!
Ela tem é uma só!

A barata diz que tem
um sapato de veludo.
É mentira da barata,
O pé dela é peludo.
Rá! Rá! Rá! Ró! Ró! Ró!
O pé dela é peludo!
Rá! Rá! Rá! Ró! Ró! Ró!
O pé dela é peludo!

A barata diz que tem
uma cama de marfim.
É mentira da barata,
ela tem é de capim.

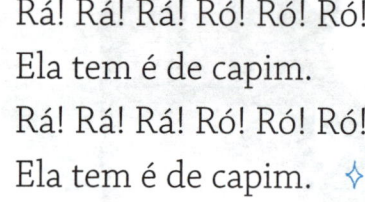

Rá! Rá! Rá! Ró! Ró! Ró!
Ela tem é de capim.
Rá! Rá! Rá! Ró! Ró! Ró!
Ela tem é de capim.

A barata diz que tem
O cabelo cacheado.
É mentira da barata,
ela tem coco rapado.
Rá! Rá! Rá! Ró! Ró! Ró!
Ela tem coco rapado.
Rá! Rá! Rá! Ró! Ró! Ró!
Ela tem coco rapado.

A barata diz que tem
Um anel de formatura.
É mentira da barata,
ela tem é casca dura.
Rá! Rá! Rá! Ró! Ró! Ró!
Ela tem é casca dura.
Rá! Rá! Rá! Ró! Ró! Ró!
Ela tem é casca dura.

Brenda Bossato

Cantiga popular.

Interagindo com a cantiga de roda

1 Escreva o título do texto nos espaços a seguir.

☐ ☐ ☐ ☐ ☐

2 Observe a forma de organização do texto e complete:

- A letra da cantiga apresenta _____ estrofes, e cada estrofe tem _____ versos.

3 Em todas as estrofes, há versos que se repetem. Esses versos são denominados **refrão**.

- Sublinhe os versos que compõem o refrão da estrofe a seguir.

> A barata diz que tem
> sete saias de filó.
> É mentira da barata,
> ela tem é uma só.
> Rá! Rá! Rá! Ró! Ró! Ró!
> Ela tem é uma só!
> Rá! Rá! Rá! Ró! Ró! Ró!
> Ela tem é uma só!

Brenda Bossato

4 Na cantiga, a barata conta um monte de mentiras.
Escreva **M** para as **mentiras** que a barata conta e **V** para as coisas que são de **verdade**.

☐ sete saias de filó   ☐ o cabelo cacheado

☐ a casca dura   ☐ o pé peludo

☐ um anel de formatura   ☐ somente uma saia

33

5 Releia as estrofes a seguir observando o ritmo e a musicalidade dos versos:

> A barata diz que tem
> O cabelo cacheado.
> É mentira da barata,
> ela tem coco rapado.
> Rá! Rá! Rá! Ró! Ró! Ró!
> Ela tem coco rapado.
>
> A barata diz que tem
> Um anel de formatura.
> É mentira da barata,
> ela tem é casca dura.
> Rá! Rá! Rá! Ró! Ró! Ró!
> Ela tem é casca dura.

Brenda Bossato

a) Pinte as rimas das estrofes.

b) Que efeito o uso de rimas provoca?

_____
_____
_____
_____

c) A expressão "Rá! Rá! Rá! Ró! Ró! Ró!" representa:

☐ o som de risadas.

☐ o choro da barata.

☐ o som de alguém batendo na porta.

Texto 2

Antes de ler

1. Observe o título do texto que você vai ler agora: qual é o objetivo de usar um ponto de interrogação no final do título?

2. O texto é escrito em versos ou em prosa?

É mentira da barata?

Leo Cunha

Naquele dia, a barata
Acordou feito um foguete.
Corria baratinada,
Subia pelas paredes.

— Onde estão as sete saias
Que eu ganhei da minha avó?
Onde é que estão guardadas
Minhas saias de filó?

O mosquito, que era um chato,
E zoava todo o dia,
Quando ouviu aquele papo,
Começou a cantoria:

— A barata diz que tem
Sete saias de filó.
É mentira da barata,
Ela tem é uma só.

Rá, rá, rá... ró, ró, ró.
Ela tem é uma só!
Rá, rá, rá... ró, ró, ró.
Ela tem é uma só.

Acontece que o grilo
Era amigo da barata
E, quando ouviu aquilo,
Alterou a serenata.

— Eu não acho que é mentira,
Só um pouco de exagero.
Vai ver as saias caíram
Num buraco ou num bueiro.

Rá, rá, rá... ró, ró, ró.
Ela tem é uma só.
Rá, rá, rá... ré, ré, ré.
(O mosquito riu até.)

Vinha passando a formiga,
Moça bem organizada,
E também deu seu palpite
Sobre as saias da barata:

— Eu não acho que é exagero
Da barata, é só bagunça.
São sete saias, sem erro,
Mas ela não acha nunca!

Rá, rá, rá... ró, ró, ró.
Ela tem é uma só.
Rá, rá, rá... ri, ri, ri.
(O mosquito riu assim.)

Brenda Bossato

A traça que devorava
Um gostoso dicionário,
Escolheu outra palavra
Pra fazer seu comentário:

— Eu não acho que é bagunça,
Acho que é esquecimento.
Ela tá meio caduca,
É bem cabeça de vento.

Rá, rá, rá... ró, ró, ró.
Ela tem é uma só.
Rá, rá, rá... ró, ró, ró.
(O mosquito riu sem dó.)

De pulo em pulo, a pulga
Também chegou no pedaço
E bolou sua desculpa
Pra explicar aquele caso:

— Não acho que é esquecimento,
É só imaginação.
A barata sonha tanto
Com as saias de balão...

Rá, rá, rá... ró, ró, ró.
Ela tem é uma só.
Rá, rá, rá... ru, ru, ru.
(Riu o mosquito abelhudo.)

A conversa ia sem rumo,
Já não seguia adiante.
Foi então que o vaga-lume
Teve uma ideia brilhante:

— Não é mentira, eu garanto,
Exagero também não.
Nem bagunça, esquecimento,
Nem mesmo imaginação.

Essa história foi somente
Uma grande brincadeira.
A barata pôs a gente
Pra cantar a noite inteira!

Rá, rá, rá... ró, ró, ró.
Ela tem é uma só.
Rá, rá, rá... ró, ró, ró...
E se acaba o quiproquó.

Leo Cunha. É mentira da barata? *In*: Celso Sisto (org.). *Histórias e cantigas*. São Paulo: Cortez, 2012. p. 7-8.

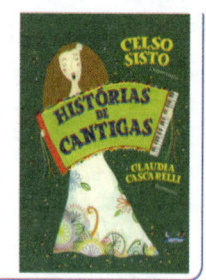

Quem é o autor?

Leo Cunha nasceu em 1966, na cidade de Bocaiúva, Minas Gerais, e mora em Belo Horizonte, capital desse estado. É tradutor, jornalista, professor universitário e escritor. Escreveu mais de 60 livros, muitos deles premiados no campo da literatura infantojuvenil.

Interagindo com a narrativa em verso

1 Leia o nome dos personagens.

a) Escreva ao lado de cada nome quantas letras cada palavra tem.

Grilo → _____ letras

Traça → _____ letras

Pulga → _____ letras

Formiga → _____ letras

Mosquito → _____ letras

Vaga-lume → _____ letras

b) Complete o diagrama de palavras com o nome de alguns personagens que participaram da história "É mentira da barata?".

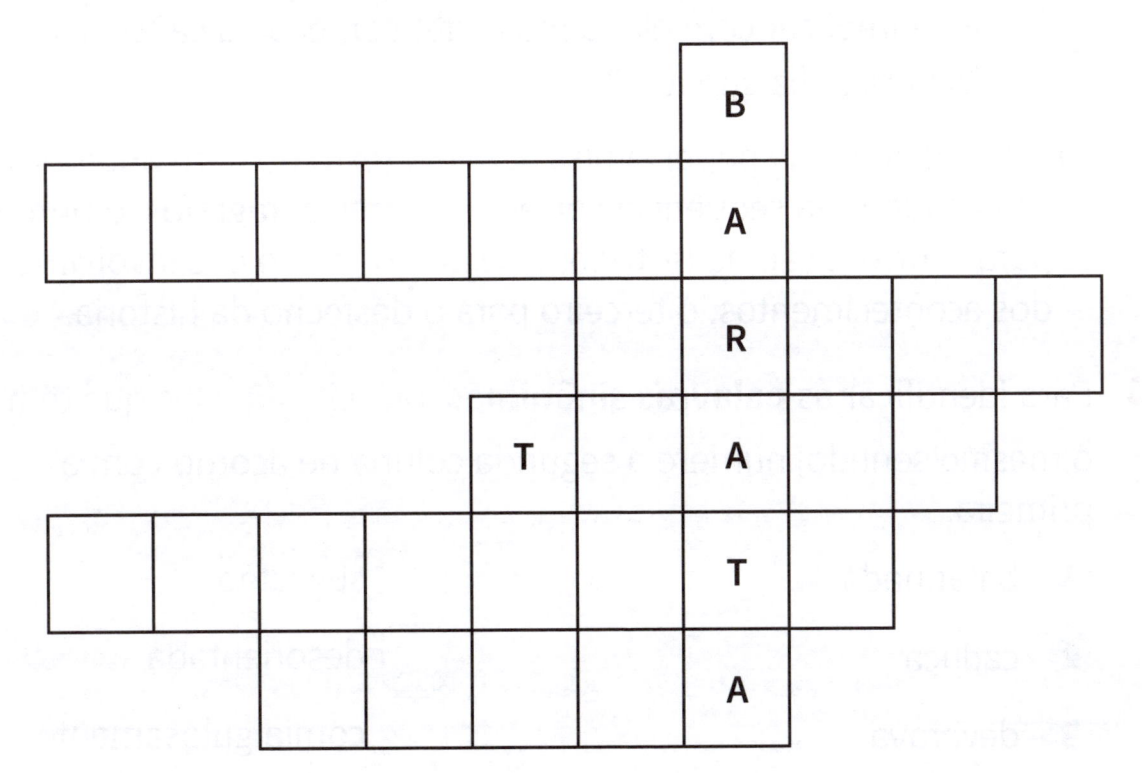

c) O nome de qual personagem não entrou no diagrama? Qual é a participação desse personagem na história?

2 Vamos pensar na sequência dos acontecimentos da história.

a) Numere de 1 a 7 esses acontecimentos.

☐ A formiga, que passava, deu outro palpite: a barata era bagunceira, por isso não encontrava as sete saias.

☐ A barata acordou e começou a correr baratinada, subindo pelas paredes.

☐ A pulga discordou da traça, dizendo que era apenas imaginação da barata.

☐ Quando ouviu a cantoria, o grilo defendeu a barata dizendo que ela não estava mentindo, apenas exagerando.

☐ A traça, então, disse que a barata estava esquecida.

☐ Por fim, o vaga-lume encerrou a discussão dizendo que tudo tinha sido uma grande brincadeira da barata.

☐ Para implicar com ela, o mosquito começou a cantar a música "A barata diz que tem".

b) Em uma folha de papel avulsa, copie o texto do item anterior, colocando-o na sequência correta. Use três parágrafos: o primeiro para a introdução da história; o segundo para o desenvolvimento dos acontecimentos; o terceiro para o desfecho da história.

3 Para identificar as **palavras sinônimas**, ou seja, aquelas que têm o mesmo sentido, numere a segunda coluna de acordo com a primeira.

1 baratinada   ☐ sugestão

2 caduca   ☐ desorientada

3 devorava   ☐ comia gulosamente

4 palpite   ☐ esquecida

4 O objetivo principal do texto "É mentira da barata?" é:

☐ caracterizar um personagem.

☐ contar uma história.

> **Texto narrativo** é aquele que tem como objetivo contar uma história. Geralmente, esses textos apresentam um ou mais personagens e uma sequência de acontecimentos, além do momento (tempo) e do local (espaço) em que os fatos ocorrem, entre outros elementos.

5 O narrador da história conta:

> O mosquito, que era um chato,
> E zoava todo o dia,

- A palavra **zoar**, nesse contexto, pode ter dois sentidos. Explique.

6 Leia novamente o desfecho da história.

> Foi então que o vaga-lume
> Teve uma ideia brilhante:
>
> — Não é mentira, eu garanto,
> Exagero também não.
> Nem bagunça, esquecimento,
> Nem mesmo imaginação.
>
> Essa história foi somente
> Uma grande brincadeira.
> A barata pôs a gente
> Pra cantar a noite inteira!

a) Nos textos narrativos, o desfecho costuma apresentar a solução para um problema ou conflito ocorrido na história. Qual é o conflito da história lida? De que modo o desfecho apresenta uma solução para esse conflito?

b) Pinte os sinais de pontuação no final de cada verso.

c) Circule o sinal de pontuação utilizado para indicar o início da fala de um personagem.

Intervalo

Separação de sílabas

1 Muitas vezes, ao escrever um texto no caderno, é necessário separar as sílabas das palavras no final das linhas. Complete os trechos da canção a seguir separando as sílabas das palavras de diferentes maneiras, sempre que isso for possível.

A barata diz que tem um sapato de

A barata diz que tem um sapato de

É mentira da barata, o pé dela é

É mentira da barata, o pé dela é

A barata diz que tem um anel de

A barata diz que tem um anel de

É mentira da barata, ela tem é a dura.

É mentira da barata, ela tem é a dura.

2 Para ler uma notícia bem interessante sobre a barata, complete o texto com as palavras do quadro, separando as sílabas das que ficarem no final das linhas.

> pesquisadores – esponjas – época – perceberam – anos – entre – antigamente – barata – teria – lama – preservando

O fóssil, achado em Mafra (SC), foi encontrado por _____ no meio de fragmentos de tubarões, _____ do mar e peixes e é de um inseto que viveu antes da _____ dos dinossauros, há 250 milhões de anos. Comparando com as baratas atuais, os pesquisadores _____ que elas não mudaram muito ao longo dos _____. Uma Barata de Madagascar, por exemplo, pode ter _____ 5 e 9 centímetros, enquanto uma barata de _____ podia chegar a 5 ou 7 centímetros. Estudiosos acreditam que o contorno da _____ foi conservado porque, depois de morrer, o animal _____ caído na água e chegado ao fundo, onde há muita _____. Com o passar dos anos, essa lama virou rocha, _____, assim, o contorno do animal.

Pesquisadores encontram fóssil de barata que viveu antes dos dinossauros. *Jornal Joca*, São Paulo, 4 nov. 2016. Disponível em: https://www.jornaljoca.com.br/pesquisadores-encontram-fossil-de-barata-que-viveu-antes-dos-dinossauros/. Acesso em: 13 out. 2020.

Oficina de produção

Criação de conto com personagem de texto lido

Que tal vocês criarem uma história em que a barata seja a personagem principal? Reúnam-se em grupos, imaginem um acontecimento diferente na rotina da personagem e criem outra versão para a história "É mentira da barata?".

RECORDAR

1. O mapa mental a seguir representa as principais características de um conto. Complete as lacunas com as opções abaixo.

| curta | onde | quando | quem |

Objetivo
Narrar uma história _____.

Enredo
Sequência de ações (poucas) da história.

Personagens
_____ desempenha as ações da história (poucos).

Narrador
Quem conta a história.

Espaço
_____ acontece a história (limitado).

Tempo
_____ acontece a história (reduzido).

Conto

Joana Resek

PLANEJAR

2. A personagem principal é a barata. Imaginem as características que ela terá na história de vocês e escolham outros personagens para contracenar com ela. Pensem em uma sequência narrativa:

- Como a história começa? O que a barata está fazendo? Como ela se sente nesse dia? Onde ela está?
- De repente, algo estranho acontece... O quê? Que outros personagens aparecem? O que acontece em seguida?
- Como é o final da história?

PRODUZIR

3. Registrem a história: enquanto um dos colegas do grupo escreve, os demais colaboram com ideias e sugerem como o texto deve ser escrito.

REVISAR

4. Revisem juntos o texto. Observem se:

- a personagem principal ficou parecida com a barata da história "É mentira da barata?";
- a história tem uma sequência clara. É possível identificar um problema e uma solução para esse problema no final?
- a pontuação ajuda o texto a ficar claro.

COMPARTILHAR

5. Façam uma ilustração do texto que vocês copiaram na folha avulsa.

6. Leiam a história para as pessoas que moram na casa de vocês. Assim, muita gente vai poder se divertir com ela!

Conheça

Vídeo

- *A barata* (1m57s). O vídeo contém uma animação da cantiga. Disponível em: https://www.youtube.com/watch?v=ymAYWAbWDhk. Acesso em: 23 abr. 2020.

UNIDADE 4

Fadas e bruxas

O que você vai estudar?
Gêneros
- Crônica
- História em quadrinhos

Intervalo
- Pontuação e sentido

O que você vai produzir?
Oficina de produção
- Escrita de narrativa com base em HQ (escrita)

Texto 1

Antes de ler

1. Observe a distribuição do texto na página. Ele está escrito em prosa ou em versos?
2. Leia o título do texto. Com base nele, o que você acha que vai ler?

Criança sonha ser tanta coisa...
A desta história sempre sonhou ser alguém
com poderes mágicos. Sonha ser
até hoje. Vai ver, já é.

Bruxas

Tatiana Belinky

Comecei a ler aos quatro anos de idade. Antes disso, meu pai lia para mim e me mostrava os textos impressos, que me impressionavam demais: como é que aqueles sinaizinhos, as letras, falavam com papai e não falavam comigo? É verdade que algumas "figuras" – as ilustrações – ajudavam um pouco, mas não era a mesma coisa. E quando aprendi – brincando – a **decifrar** os sinaizinhos sozinha, foi uma festa que não acabava mais...

E a minha imaginação de criança ficou povoada de um **sem-número** de histórias, em prosa e verso. Histórias de aventuras com **peripécias** e personagens dos mais variados: heróis, princesas, duendes, sereias, gênios bons e maus, animais fantásticos, feiticeiros, dragões, fadas e, claro, bruxas de todos os tipos e origens. Como a "hexe" alemã, a "strega" italiana, a "witch" inglesa e, claro, a "viêdma" russa. Isso sem esquecer a "baba-iagá", russa também, que é aquela bruxa terrível que não viaja montada numa vassoura, mas, sim, dentro de um **rústico pilão** de madeira. Ela mora numa casinha montada sobre pés de galinha, que se volta com a porta para o lado que a sua dona ordenar...

Pois bem, eu, pequena, tinha uma verdadeira **fascinação** pelas bruxas, achava-as superinteressantes e tinha só um pouquinho de medo delas. Mas não o bastante para não sonhar – até desejar – ser uma bruxa. Não uma bruxa feia com a baba-iagá, malvada e até **canibal**, mas sim uma bruxa bonita, como a madrasta da branca de neve, a tal do "espelho, espelho meu, quem é mais bela do que eu?".

E por que eu gostaria de ser bruxa? Ora, é simples: porque bruxas têm *poder*. Podem fazer tudo o que uma criança como eu não podia fazer: desde mostrar a língua por malcriação até cometer grandes maldades e feitiçarias várias – sem excluir a capacidade de ser "boazinha", se quisesse!

Assim, até meus 10 aninhos, na rússia, gostava de me imaginar na pele de uma bruxa "tatianal" específica. Mas pouco depois de completar dez anos, deu-se uma grande **reviravolta** na minha vida: meus pais emigraram para o brasil! E eis-me aqui em são paulo, desde 1929.

Mas o que eu queria contar desde o começo é que, pouco depois de aprender português, fiquei conhecendo uma personagem nova, que me fez perder logo a vontade de ser bruxa. E sabem que personagem era essa?

Era nada menos do que a emília! Ela própria, a emília de monteiro lobato – a bonequinha de pano recheada de macela, "rainha" do sítio do picapau amarelo! Sim, porque a emília era (e é) tudo o que eu gostaria de ser: boneca e gente, criança moleque, "bruxinha" de pano, **atrevida**, **contestadora**, arteira, "inventadeira de ideias", esperta, malcriada, às vezes boazinha, outras nem tanto – uma verdadeira maravilha!

Creiam, não há nada melhor do que ser emília na vida – que é o que tento ser, até hoje.

Glossário

Atrevido: pessoa ousada, que desafia os outros.
Canibal: pessoa que come carne humana.
Contestador: pessoa que não concorda com os outros e costuma questionar muito.
Decifrar: entender algo ou resolver um problema.
Fascinação: encantamento, admiração.
Peripécia: aventura, bagunça.
Pilão: instrumento utilizado para descascar ou triturar grãos.
Reviravolta: mudança inesperada de uma situação.
Rústico: simples, grosseiro.

Tatiana Belinky. *Onde já se viu?* São Paulo: Ática, 2009. p. 37-39.

Quem é o autor?

Tatiana Belinky nasceu na rússia, em 1919, mudou-se com a família para o brasil em 1929 e foi escritora de literatura infantojuvenil. Adaptou para a televisão a obra *Sítio do Picapau Amarelo*, de Monteiro Lobato. Faleceu em São Paulo, em 2013. Entre suas obras estão: *O caso dos bolinhos* (1990), *Sete contos russos* (1995) e *O espelho* (2012).

Interagindo com a crônica

1 Releia um trecho do texto.

> E a minha imaginação de criança ficou povoada de **um sem-número de** histórias, em prosa e verso.

- O que significa a expressão **um sem-número**?

    ☐ Que não tem numeração.   ☐ Que não existe.

    ☐ Que existe em grande quantidade.

2 Leia novamente.

> Assim, até meus 10 aninhos, na Rússia, gostava de me imaginar na pele de uma bruxa "**tatianal**" específica.

- Recorde o nome da autora do texto e responda. A expressão destacada significa que:

    ☐ para Tatiana, bruxas são sempre malvadas.

    ☐ Tatiana queria ser bruxa quando crescesse.

    ☐ a bruxa tinha características criadas por Tatiana.

3 Assinale o trecho que explica por que Tatiana quis deixar de ser bruxa.

☐ "Podem fazer tudo o que uma criança como eu não podia fazer [...]."

☐ "[...] deu-se uma grande reviravolta na minha vida: meus pais emigraram para o Brasil!"

☐ "[...] a Emília era (e é) tudo o que eu gostaria de ser: boneca e gente, criança moleque [...]."

49

4 Escreva quem são estes seres citados na crônica.

Carolina Sartório

Claudia Marianno

_____ _____

Bruna Ishihara

Marcos Machado

_____ _____

5 Onde Tatiana morou até os 10 anos de idade?

◯ Na Rússia.

◯ Em São Paulo.

◯ Na Itália.

6 Numere os fatos de acordo com os acontecimentos da narrativa.

☐ Muitas histórias fizeram parte da infância da menina, com vários personagens diferentes e bruxas de todos os tipos.

☐ Emília, a personagem do Sítio do Picapau Amarelo era quem Tatiana queria ser.

☐ Tatiana queria ser bruxa porque acreditava que elas são poderosas e podem fazer o que quiserem.

☐ Quando Tatiana não sabia ler, ela ficava impressionada com letras e ilustrações.

☐ Mas, aos 10 anos, houve uma mudança na vida dela, quando precisou se mudar para o Brasil.

☐ Apesar de ter um pouco de medo, ela queria ser bruxa, mas bonita como a da história da Branca de Neve.

☐ No Brasil, a menina conheceu uma personagem de histórias que a fez perder a vontade de ser bruxa.

7 Você gostou da história? Explique por quê. Em seguida, leia para os colegas o que respondeu e ouça a justificativa deles.

_____
_____
_____

> A **crônica** é um texto curto e simples, que aborda situações do dia a dia de modo literário. Pode ser policial, esportiva, jornalística etc., de acordo com o tema de que trata. Geralmente é veiculada na imprensa (jornais, revistas e sites jornalísticos), por ter relação com fatos noticiados. As crônicas podem contar uma história (narrativas), como a que você leu nesta unidade, defender uma opinião (argumentativas) ou expor um fato (expositiva)

Intervalo

Pontuação e sentido

1 Leia novamente:

> E por que eu gostaria de ser bruxa? Ora, é simples: porque bruxas têm poder.

- Copie uma frase que apresenta:

a) uma afirmação;

_____

b) uma indagação ou questionamento.

_____

2 Releia o trecho a seguir, observando a função do ponto de interrogação.

> Antes disso, meu pai lia para mim e me mostrava os textos impressos, que me impressionavam demais: como é que aqueles sinaizinhos, as letras, falavam com papai e não falavam comigo? É verdade que algumas "figuras" – as ilustrações – ajudavam um pouco, mas não era a mesma coisa.

- Assinale a alternativa **incorreta**.

☐ O travessão foi utilizado para indicar uma observação, acrescentando uma informação.

☐ O ponto de interrogação indica a pergunta que a narradora faz para si mesma.

☐ O ponto final poderia ser substituído pelo ponto de interrogação, sem mudança do sentido do texto.

3 Reescreva a frase a seguir utilizando ponto de exclamação e, depois, ponto de interrogação. Em seguida, leia as frases para um colega, destacando o sentido das frases reescritas. Ouça a leitura do colega.

> Comecei a ler aos quatro anos de idade.

_____
_____
_____

4 Desafio! Reescreva o texto em seu caderno. Troque os símbolos pelo sinal de pontuação mais adequado.

- ● ponto final ou vírgula
- ■ ponto de interrogação ou ponto de exclamação

Viagem ao céu

Era em abril ● o mês do dia de anos de Pedrinho e por todos considerado o melhor mês do ano. Por quê ■ Porque não é frio nem quente e não é mês das águas nem de seca — tudo na conta certa ■ E por causa disso inventaram lá no Sítio do Pica-Pau Amarelo uma grande novidade: as férias-de-lagarto.

— Que história é essa?

Uma história muito interessante ● Já que o mês de abril é o mais agradável de todos, escolheram-no para o grande "repouso anual" — o mês inteiro sem fazer nada ● parados ● cochilando *como lagarto ao sol* ■ Sem fazer nada é um modo de dizer, pois que eles ficavam fazendo uma coisa agradabilíssima: vivendo! Só isso. Gozando o prazer de viver...

— Sim — dizia Dona Benta — porque a maior parte da vida nós a passamos entretidos em tanta coisa, a fazer isto e aquilo, a pular daqui para ali, que não temos tempo de gozar o prazer de viver ● Vamos vivendo sem prestar atenção na vida e, portanto, sem gozar o prazer de viver à moda dos lagartos. Já repararam como os lagartos ficam horas e horas imóveis ao sol, de olhos fechados, vivendo, gozando o prazer de viver — só, sem mistura ■

Monteiro Lobato. *Viagem ao céu*. Rio de Janeiro: Biblioteca Azul, 2018. *E-book*.

Texto 2

Antes de ler

1. Observe o primeiro quadrinho da história a seguir. Que objeto mágico comum em contos de fadas aparece na cena?

2. Agora, leia o título do livro onde a história foi publicada. Em seguida, observe os personagens que aparecem nos quadrinhos. Quem são eles?

Eva Furnari. *Bruxinha Zuzu e gato Miú*. São Paulo: Moderna, 2010. p. 24-25.

Quem é a autora?

Eva Furnari nasceu em Roma, na Itália, e veio morar no Brasil com apenas 2 anos de idade. É artista plástica, arquiteta e escritora. Escreveu vários livros. Sua personagem mais famosa é a bruxinha Zuzu, da história que você acabou de ler.

Interagindo com a história em quadrinhos

1 Copie o título do texto.

_____

• Responda: por que você acha que o texto tem esse título?

2 Escreva o nome dos personagens da história.

_____   _____

3 Podemos dizer que o texto "Historinha" é narrativo? Por quê?

☐ Sim, porque conta uma história.

☐ Não, porque não conta uma história.

4 "Historinha" é:

☐ um texto verbal, escrito com palavras.

☐ uma narrativa contada por meio de imagens e uma única palavra.

As histórias contadas apenas por meio de imagens são chamadas **narrativas visuais**.

5 No quinto quadrinho da história aparece a palavra **ploft**.

PLOFT

- O que ela representa?

_____

6 Observe a expressão facial da bruxinha nestas situações. Que sentimentos ela demonstra? Ligue as colunas.

Alegria.

Preocupação, espanto.

Curiosidade.

7 Observe os balões do gato Miú no primeiro e no último quadrinhos.

- O que o gato Miú imaginou no início e no final da história?

_____

_____

_____

_____

Oficina de produção

Da HQ à narrativa escrita

Você gostou da história que a Eva Furnari inventou?

A HQ é contada por meio de uma sequência de imagens. Agora, com os colegas e a orientação do professor, você vai recontar a história por meio da escrita.

RECORDAR

1. Relembre os elementos da história que você acabou de ler e utilize as palavras a seguir para completar as características dos textos narrativos no mapa mental, seja em prosa ou em quadrinhos.

| conta | história | quando | quem |

Narrativa em prosa

- **Objetivo**: Contar uma _____.
- **Espaço**: Onde acontece a história.
- **Personagens** _____ desempenha as ações da história.
- **Tempo**: _____ acontece a história.
- **Enredo**: Sequência de ações da história.
- **Narrador**: Quem _____ a história.

PLANEJAR

2. Volte à HQ da bruxinha Zuzu e numere os quadrinhos de 1 a 8. Releia a história, observando com bastante atenção todos os detalhes. Observe os personagens (a expressão facial, o movimento das mãos e a posição do corpo) e o conteúdo de cada balão.

PRODUZIR

3. Em uma folha de rascunho, escreva a história do seu jeito.

4. Agora, com a colaboração de todos, vocês vão escrever uma história coletiva, retomando a sequência quadrinho a quadrinho. O professor será o escriba. Façam sugestões de como o texto será escrito e organizado, observando, por exemplo, a mudança de parágrafos, o uso de letras maiúsculas e a pontuação.

COMPARTILHAR

5. Em casa, reconte a história da turma oralmente a uma pessoa de sua família ou tente ler a história criada coletivamente.

Conheça

Livro
- *365 histórias: uma para cada dia do ano*, de vários autores. Gaspar: Todolivro, 2015. O livro reúne contos de fadas e histórias divertidas para ler antes de dormir. Com ilustrações coloridas e variadas, é um convite para despertar a imaginação.

Filme
- *Frozen II*, de Jennifer Lee e Chris Buck. Estados Unidos, 2019. O segundo filme da Disney volta à infância das irmãs Elsa e Anna, quando elas descobrem uma importante história do pai e o motivo dos poderes de Elsa. (103 min).

Podcast
- *Diga-me um conto de fadas*. O *podcast* apresenta diversos contos de fadas. Disponível em: https://open.spotify.com/artist/7EUTjrwkLLGsj1Vy2QCb9X?si=fAXqXnI9SgKqlkxBA8ESmQ. Acesso em: 28 abr. 2020.

UNIDADE 5
No mundo das invenções

O que você vai estudar?
Gêneros
- Poema
- Experimento científico

Intervalo
- Marcas de nasalização e tempo

O que você vai produzir?
Oficina de produção
- Relatório de experimento científico

Texto 1

Antes de ler

1. Pela forma de organização do texto, o que você acha que vai ler?

2. Leia o título do texto. De que assunto parece tratar?

3. Você gosta do esporte citado no poema? Por quê?

A invenção do futebol

Ricardo Silvestrin

Antes, muito antes,
do futebol,
inventaram a bola.
Podia ser
uma cebola
ou qualquer
coisa que rola.
A diversão
era passar a bola
de mão em mão.
Mas sempre tinha
um mão-furada,
que era motivo
de gozação.

Até que um dia
o mão-furada
dos mãos-furadas
bolou de devolver
a bola com o pé.
Foi uma surpresa,
uma sensação
a invenção do primeiro boleiro.
Mais tarde,
os que não abriram mão
de jogar com a mão
viraram goleiros.

Ricardo Silvestrin. *É tudo invenção*. São Paulo: Ática, 2003.

Quem é o autor?

Ricardo Silvestrin nasceu em Porto Alegre, no Rio Grande do Sul, em 1963. Poeta, escritor e músico, escreveu diversos livros de poesia infantil, como *Mmmmmonstros!* e *Transpoemas*.

Interagindo com o poema

1 De acordo com o texto, antes da invenção do futebol, o que era utilizado no lugar da bola?

2 Explique com suas palavras como foi a invenção do futebol de acordo com o poema.

_____

_____

_____

3 Em sua opinião, no texto lido, há explicações detalhadas e reais sobre como surgiu o futebol? Explique sua resposta.

_____

_____

4 O texto que você acabou de ler é um poema. Preencha a ficha a seguir retomando o texto e as referências de onde ele foi extraído.

Título do poema _____

Número de versos do poema _____

Número de estrofes do poema _____

Nome do autor _____

Nome do livro no qual
o poema foi publicado _____

5 Releia os versos:

> Até que um dia
> o mão-furada
> dos mãos-furadas
> bolou de devolver
> a bola com o pé.

Nesses versos, a expressão **mão-furada** significa:

☐ quem tinha furos nas mãos.

☐ quem fazia furos com as mãos.

☐ quem tinha dificuldade para segurar a bola com as mãos.

6 Siga as pistas para completar o diagrama e descubra a palavra secreta. **Dica**: todas as palavras aparecem no poema.

1. Nome dado aos jogadores depois da invenção do futebol.
2. Nome dado aos jogadores que continuaram devolvendo a bola com as mãos.
3. Alimento que podia ser usado como bola.
4. Jogador que não conseguia segurar a bola.

				1.		O		E		O	S
					2.		L			R	S
			3.	C		O		A			
4.			O	-		U	R		A		

7 Acompanhe a leitura que o professor fará do texto a seguir. Ele é um trecho de um verbete de enciclopédia sobre futebol. Apesar de o tema ser o mesmo do poema, os dois textos têm objetivos diferentes.

https://escola.britannica.com.br/artigo/futebol/482528

Futebol

O futebol é o esporte coletivo mais popular do mundo. Tanto homens como mulheres jogam futebol em escolas, clubes, times profissionais e seleções nacionais. Num jogo de futebol, dois times competem para fazer mais pontos, que são chamados de gols. Um time marca um gol quando coloca a bola na meta, também chamada gol, do adversário. [...]

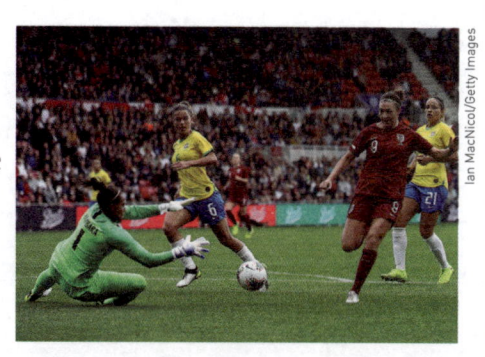

O campo e o equipamento

O tamanho do campo de futebol varia. O campo oficial deve ter entre 90 e 120 metros de comprimento e de 45 a 90 metros de largura. Em cada extremidade do campo há um gol. O gol é uma espécie de moldura que tem 7,3 metros de largura por 2,4 metros de altura. A essa moldura se prende uma rede, que fica atada à trave superior, às traves laterais e ao terreno. A bola de futebol é redonda e cheia de ar. [...]

O futebol no Brasil

O futebol brasileiro é considerado um dos melhores do mundo. O Brasil foi o único país a participar de todas as Copas do Mundo até hoje. Das vinte copas realizadas até 2014, a seleção brasileira venceu cinco e foi vice-campeã em duas. [...]

FUTEBOL. *In*: BRITANNICA ESCOLA. Chicago: Britannica Digital Learning, c2021. Disponível em: https://escola.britannica.com.br/artigo/futebol/482528. Acesso em: 29 abr. 2020.

- Explique a diferença entre os objetivos do poema "A invenção do futebol" e do verbete de enciclopédia.

_____
_____
_____
_____

8 Você conhece outras explicações sobre como surgiu o futebol? Que tal você e os colegas irem à biblioteca da escola e verificarem se há algum livro ou outro material sobre a origem desse esporte?

Intervalo

Marcas de nasalisação e tempo

1 Releia um trecho do poema "A invenção do futebol":

> Antes, muito antes,
> do futebol,
> inventaram a bola.

a) No trecho lido, circule a palavra que termina com **-am**.

b) Agora, complete as frases a seguir com outras palavras terminadas com **-am**.

- As meninas _____ (jogar) futebol durante o recreio.

- Meus irmãos _____ (participar) de uma corrida na semana passada.

- Os jogadores de vôlei brasileiros já _____ (ganhar) medalha de ouro nas Olimpíadas.

- Os vencedores _____ (subir) no pódio.

- Os meninos _____ (disputar) um campeonato de natação no ano passado.

2 As palavras que você usou para completar as frases na atividade anterior indicam ações:

☐ que já aconteceram.

☐ que estão acontecendo.

☐ que ainda vão acontecer.

3 Agora complete as frases usando a terminação **-ão**.

- As meninas _____ (jogar) futebol durante o recreio.

- Meus irmãos _____ (participar) de uma corrida na semana que vem.

- Acreditamos que os jogadores de vôlei brasileiros _____ (ganhar) medalhas de ouro nas próximas Olimpíadas.

- Os vencedores _____ (subir) no pódio.

- Os meninos _____ (disputar) um campeonato de natação no ano que vem.

4 Nas frases da atividade anterior, as palavras usadas para completar as lacunas indicam ações:

- ☐ que já aconteceram.
- ☐ que estão acontecendo.
- ☐ que ainda vão acontecer.

5 Com os colegas e o professor, organize um parágrafo explicando a conclusão a que vocês chegaram sobre a escrita de palavras terminadas em **-am** e **-ão**.

_____
_____
_____

Texto 2

Antes de ler

1. Você já ouviu falar em Santos Dumont? Ele foi um dos grandes inventores brasileiros. O que você sabe sobre ele?

2. O texto que você vai ler foi inspirado na pesquisa de Santos Dumont. Qual parece ser o objetivo do texto?

Inovar

Vamos construir um miniparaquedas?

Você vai precisar de:
1 saco plástico
Barbante
1 clipe
1 tesoura

1. Corte um saco plástico na forma de um octógono com mais ou menos 10 cm de lado.
2. Faça pequenos furos em cada uma das pontas do octógono. **(Figura 4)**
4. Amarre um pedaço barbante de 30 cm em cada furo.
5. Junte as extremidades livres dos barbantes, amarre-as entre si e, em seguida, em um clipe. **(Figura 5)**
6. Faça um furo de 1 x 1cm no meio do paraquedas.
7. Prenda um boneco leve e pequeno no clipe.
8. Suba em uma cadeira e lance seu paraquedas. **(Figura 6)**

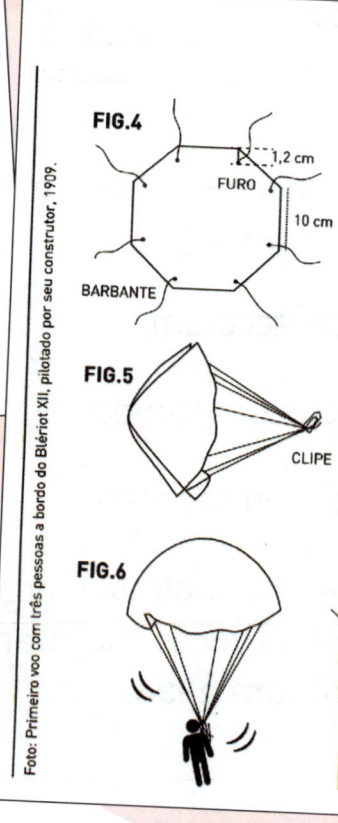

FIG.4 — FURO — 1,2 cm — 10 cm — BARBANTE

FIG.5 — CLIPE

FIG.6

Foto: Primeiro voo com três pessoas a bordo do Blériot XII, pilotado por seu construtor, 1909.

Reflita...
A resistência do ar é o que torna menos veloz a queda do paraquedista.

Como os aviões vencem a resistência do ar na decolagem?

Experimente...
Substituir o plástico por papel de seda. Ou outro tipo de papel.

Trocar o barbante por fio de lã.

Aumentar o tamanho do paraquedas ou mudar a sua forma.

Vamos construir um miniparaquedas? *In*: *Santos Dumont: o poeta voador*. Rio de Janeiro: Museu do Amanhã, 2016. Catálogo.

Interagindo com o experimento científico

1 O objetivo principal do texto que você acabou de ler é instruir o leitor sobre como construir um miniparaquedas. Por esse motivo, o texto é organizado em partes com objetivos diferentes. Ligue as colunas, identificando a função de cada uma das partes do texto.

> **Você vai precisar de:**
> 1 saco plástico
> Barbante
> 1 clipe
> 1 tesoura

Orientações sobre como realizar o experimento acompanhado de ilustrações.

> 1. Corte um saco plástico na forma de um octógono com mais ou menos 10 cm de lado.
> 2. Faça pequenos furos em cada uma das pontas do octógono. **(Figura 4)**
> 4. Amarre um pedaço barbante de 30 cm em cada furo.
> 5. Junte as extremidades livres dos barbantes, amarre-as entre si e, em seguida, em um clipe. **(Figura 5)**
> 6. Faça um furo de 1 x 1cm no meio do paraquedas.
> 7. Prenda um boneco leve e pequeno no clipe.

Conclusão.

> 8. Suba em uma cadeira e lance seu paraquedas. **(Figura 6)**

Lista de material necessário para a realização do experimento.

Catálogo da Exposição "Santos Dummont - O Poeta Voador"/Agência Paprika/Fundação Roberto Marinho

> O **experimento científico** apresenta, pelo menos, duas partes: os itens necessários à experiência e os procedimentos.

2 Observe novamente a forma de organização do texto.

a) A apresentação das instruções de forma numerada e em tópicos:

☐ dificulta a compreensão das instruções.

☐ facilita a compreensão das instruções.

☐ não interfere na compreensão do texto.

b) Qual é a função das **figuras ilustrativas**?

FIG.4 — 1,2 cm — FURO — 10 cm — BARBANTE
FIG.5 — CLIPE
FIG.6

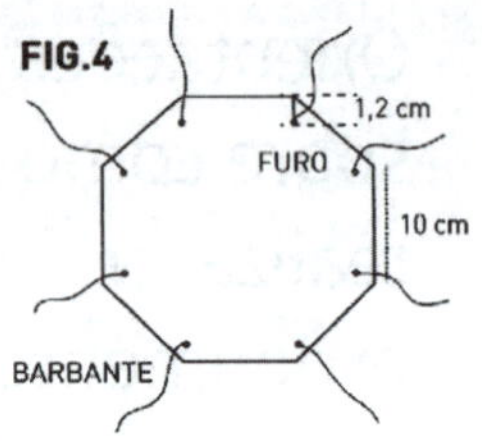

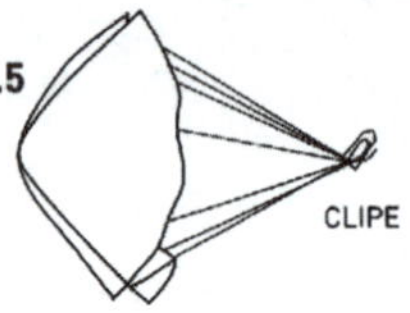

Catálogo da Exposição "Santos Dumont - O Poeta Voador"/ Agência Paprika/ Fundação Roberto Marinho

_____

_____

> No experimento científico, é frequente o uso de **figuras ilustrativas** para auxiliar na compreensão dos procedimentos.

3 Pela leitura do texto, você acha que é capaz de testar o experimento sozinho? Converse sobre isso com os colegas.

☐ Sim   ☐ Não

4 Os experimentos científicos costumam terminar com uma conclusão. Releia essa parte e explique com suas palavras: "O que leva o paraquedas a cair mais devagar?".

_____

_____

> Os **experimentos científicos** costumam terminar com uma conclusão sobre os resultados.

5 Leia o texto do experimento a seguir. Ilustre as etapas 2 e 3, seguindo as orientações escritas.

Uma chuva diferente

Ingredientes: tigela, óleo de cozinha, corante líquido, pote de vidro e água.

1. Na tigela, insira ¼ de xícara de óleo e 4 colheres (sopa) de corante líquido. Misture os ingredientes com uma colher.

2. Encha o pote de vidro com água e, em seguida, acrescente a mistura de óleo e corante líquido.

3. Em um primeiro momento, a mistura flutua. Mas, após alguns segundos, ela começa a gotejar. E não acaba por aí: depois de alguns minutos, o óleo volta a flutuar e a chuva inverte o seu sentido.

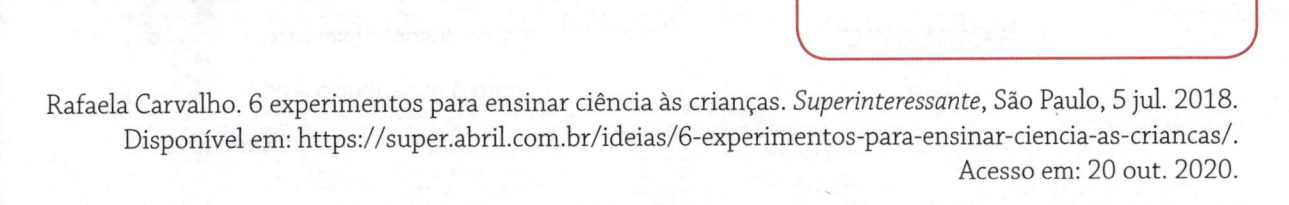

Rafaela Carvalho. 6 experimentos para ensinar ciência às crianças. *Superinteressante*, São Paulo, 5 jul. 2018. Disponível em: https://super.abril.com.br/ideias/6-experimentos-para-ensinar-ciencia-as-criancas/. Acesso em: 20 out. 2020.

Oficina de produção

Relatório de experimento científico

Agora é sua vez de realizar um experimento e escrever o relatório de observação dos resultados.

RECORDAR

1. Escolham um dos experimentos deste vídeo publicado pelo canal Mundo da Vivi (disponível em: www.youtube.com/watch?v=4nd9FeUcvqM; acesso em: 4 jan. 2021) ou peçam uma sugestão ao professor de Ciências.

2. Agora, complete as lacunas do mapa mental com as principais características de um relatório de experimento científico.

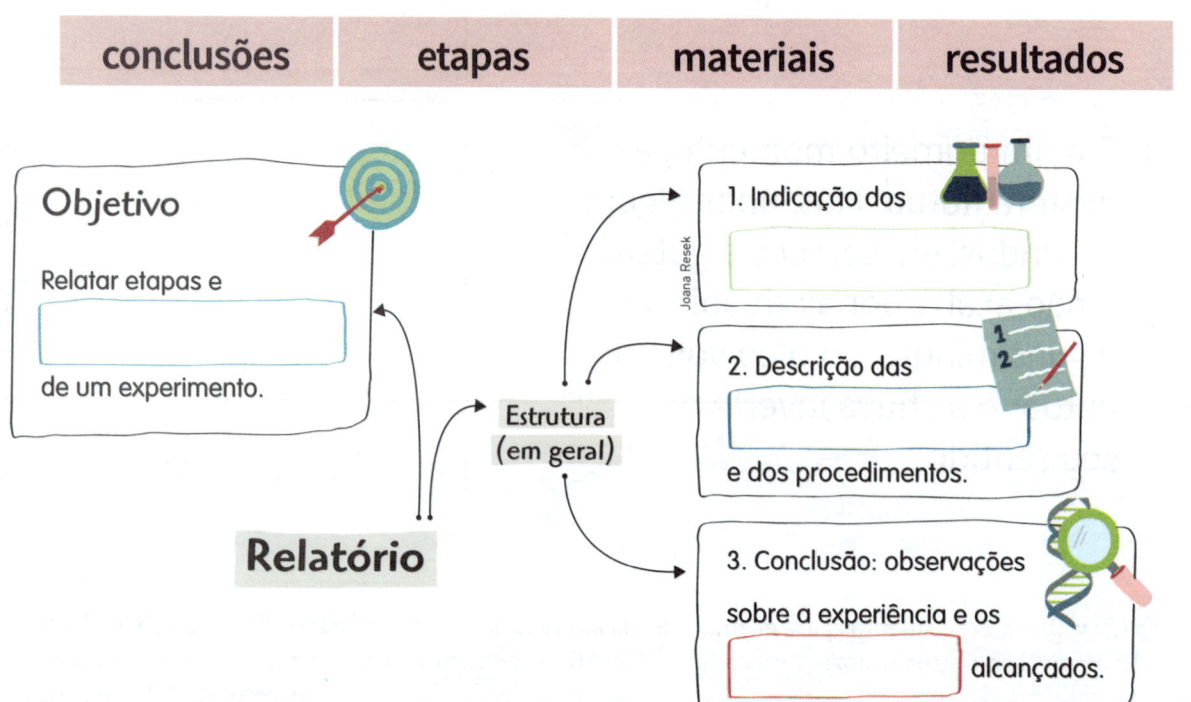

| conclusões | etapas | materiais | resultados |

Objetivo
Relatar etapas e _____ de um experimento.

Estrutura (em geral)

1. Indicação dos _____
2. Descrição das _____ e dos procedimentos.
3. Conclusão: observações sobre a experiência e os _____ alcançados.

Relatório

PLANEJAR

3. Façam uma lista dos materiais necessários para a realização do experimento.

4. Tirem fotos das etapas do experimento com câmera fotográfica ou com o aparelho celular.

PRODUZIR

5. Comecem o experimento. A cada etapa, tirem uma foto e anotem o que estão fazendo. Peçam ajuda a um adulto se forem utilizar algum material perigoso.

6. Ao final, anotem as conclusões.

7. Imprimam as fotos e incluam-nas no relatório final.

REVISAR

8. Troquem o relatório com outra dupla e avaliem as questões a seguir.
- Todos os materiais utilizados foram listados?
- Todas as etapas de realização do experimento foram descritas?
- Há fotos que ilustram cada etapa?
- A linguagem utilizada é clara e objetiva?
- O texto apresenta conclusões sobre o que foi observado?

9. Caso seja necessário, façam as alterações que julgarem importantes.

10. Passem o texto a limpo. Vocês também podem fazer a apresentação do relatório utilizando um programa de edição de textos.

COMPARTILHAR

11. Compartilhem o relatório da turma no *site* ou *blog* da escola. Vocês podem, ainda, imprimir ou montar cartazes e afixá-los em um mural próximo à sala de aula.

Conheça

Sites
- *3 atividades para ensinar ciência para as crianças em casa*. *Site* que apresenta brincadeiras para aprender ciências. Disponível em: em: https://leiturinha.com.br/blog/3-atividades-para-ensinar-ciencia/. Acesso em: 7 out. 2020.
- *6 experimentos para ensinar ciência às crianças*. *Site* com atividades em formato de experimentos para aprender sobre alguns fenômenos físicos e químicos. Disponível em: https://super.abril.com.br/ideias/6-experimentos-para-ensinar-ciencia-as-criancas/. Acesso em: 7 out. 2020.

UNIDADE 6
A natureza pede socorro

O que você vai estudar?
Gêneros
- Cartum
- Notícia

Intervalo
- Fotolegenda

O que você vai produzir?
Oficina de produção
- Jornal falado

Texto 1

Antes de ler

1. Leia o título da imagem. Você sabe o que significa a palavra **desmatamento**?
2. Que recurso visual, muito utilizado em histórias em quadrinhos, aparece na imagem?

Desmatamento na floresta

Arionauro da Silva Santos. Desmatamento na floresta. *In*: ARIONAURO CARTUNS. [*S. l.*: *s. n.*], 9 jan. 2020. Disponível em: http://www.arionaurocartuns.com.br/2020/01/charge-desmatamento-na-floresta.html. Acesso em: 13 abr. 2020.

Quem é o autor?

Arionauro da Silva Santos iniciou a carreira em 1986 e publicou cartuns, charges, quadrinhos, ilustrações e passatempos em muitos meios de comunicação. Recebeu prêmios nacionais e internacionais. Atualmente, colabora para vários jornais, revistas e *sites* no mundo.

Interagindo com o cartum

1 O texto que você leu é um cartum, e o autor desse tipo de publicação é chamado cartunista. Qual é o nome do cartunista do **Texto 1**?

_____

> **Cartum** é um desenho que mostra, de forma resumida, algo que envolve o dia a dia de uma sociedade e geralmente é humorístico e faz uma crítica a algum comportamento humano.

2 Nomeie os animais mostrados no cartum:

Ilustrações: © Arionauro

3 Os animais mostrados no cartum são:

☐ silvestres, vivem em ambientes naturais, como as florestas.

☐ domesticados, podem viver junto das pessoas.

4 O que a expressão facial dos animais demonstra? Explique.

_____

_____

5 Dê a sua opinião.

a) Por que as árvores foram cortadas?

_____

_____

b) O que acontece com os animais quando as árvores são derrubadas?

_____

_____

6 Que recurso o cartunista utilizou para demonstrar que todos os animais estão pensando a mesma coisa? Que pensamento é esse?

_____

_____

7 Entre outras funções, pode-se concluir que o cartum tem como principal finalidade:

☐ revelar um aspecto engraçado da sociedade.

☐ criticar um acontecimento político por meio de desenhos.

☐ refletir criticamente sobre comportamentos humanos.

☐ informar sobre temas polêmicos utilizando apenas imagens.

8 Que crítica é feita no cartum apresentado?

_____

Texto 2

Antes de ler

1. Leia o título do texto. A quem ele se dirige com a expressão **cuide delas**?
2. Que ocasião motivou a publicação da notícia?

https://www.jornaljoca.com.br/dia-da-arvore-cuide-delas/

Dia da árvore: cuide delas!

▶ O baobá é um dos símbolos da cultura africana.

O Dia da Árvore é comemorado no Brasil em 21 de setembro para conscientizar a população a preservar esse bem tão valioso.

A comemoração é feita em datas diferentes em outros países mas aqui foi escolhida no início da primavera, que começa no dia 23 de setembro no **hemisfério** Sul.

A árvore é um dos maiores símbolos da natureza, é uma das mais importantes riquezas naturais do planeta.

Árvores são fundamentais para a vida na Terra pois aumentam a umidade do ar, evitam **erosões**, produzem **oxigênio** na **fotossíntese**, reduzem a temperatura e fornecem sombra e abrigo para nós e os animais.

▶ Túnel formado por ciprestes em um parque na Califórnia, Estados Unidos.

Além disso, ainda produzem alimentos como as frutas que nascem nas mangueiras, limoeiros, goiabeiras, abacateiros, pessegueiros, laranjeiras.

Além de frutas, as árvores também fornecem madeira usada como matéria-prima para móveis e até casas. Outra função muito importante é a fabricação de papel e até de remédios.

Curiosidades:
✓ Cada região do nosso país possui uma árvore símbolo diferente. Observe:
Árvore símbolo da região Norte – castanheira;
Árvore símbolo da região Nordeste – carnaúba;
Árvore símbolo da região Centro-Oeste – ipê amarelo;
Árvore símbolo da região Sudeste – pau-brasil;
Árvore símbolo da região Sul – araucária

Dia da árvore: cuide delas! *Jornal Joca*, São Paulo, 21 set. 2015.
Disponível em: https://www.jornaljoca.com.br/dia-da-arvore-cuide-delas/. Acesso em: 2 dez. 2020.

Glossário

Erosão: processo de desgaste do solo e das rochas.
Fotossíntese: processo em que as plantas obtêm energia e alimento por meio da luz do sol.
Hemisfério: cada uma das metades do globo terrestre. Pode ser Hemisfério Sul ou Hemisfério Norte.
Oxigênio: gás essencial para a sobrevivência dos seres vivos no planeta Terra.

Interagindo com a notícia

1 O objetivo principal do texto é:

☐ incentivar as pessoas a comemorar o Dia da Árvore.

☐ orientar sobre como cuidar das árvores no dia a dia.

☐ apresentar informações sobre a importância das árvores.

☐ contar uma história sobre árvores brasileiras.

2 Onde a notícia lida foi publicada?

_____

_____

> A **notícia** é um gênero textual que apresenta fatos e informações. Elas são veiculadas em jornais, revistas, rádios e portais da internet utilizados para consulta pelo leitor a que se destina.

3 A notícia destaca o quanto as árvores são uma riqueza natural e apresenta três informações que comprovam isso. Marque as opções corretas.

☐ As árvores ajudam a reduzir a temperatura dos ambientes e produzem oxigênio.

☐ Muitas árvores produzem alimentos, outras servem para a produção de papel e medicamentos.

☐ Árvores fornecem a madeira, que é matéria-prima usada na construção de móveis e casas.

☐ As árvores ocupam espaço que poderia ser utilizado para a criação de animais ou para a agricultura.

4 Segundo a notícia, cada região brasileira tem uma árvore como símbolo. Leia novamente essa informação e escreva o nome de cada região que elas representam.

▶ Castanheira.

Região
_____

▶ Carnaúba.

Região
_____

▶ Ipê amarelo.

Região
_____

▶ Araucária.

Região
_____

▶ Pau-brasil.

Região
_____

Intervalo

Fotolegenda

1 Observe uma imagem da notícia e a legenda que a acompanha.

- Em uma notícia, para que servem a foto e a legenda?

_____

_____

_____

_____

▶ O baobá é um dos símbolos da cultura africana.

2 Imagine que você vai colaborar com a jornalista que escreveu a notícia, escrevendo a legenda para outras fotos.

- Utilizando seus conhecimentos e aqueles divulgados na notícia, escreva uma legenda para as imagens a seguir.

_____ _____

_____ _____

_____ _____

_____ _____

Oficina de produção

Jornal falado

Você e seus colegas vão organizar a apresentação de um jornal falado com notícias sobre meio ambiente.

CONHECER

1. Observem no mapa mental as principais características do jornal falado. Utilize as palavras a seguir para completar o que está faltando.

| abertura | interessantes | lidas | manchetes | notícias |

Jornal falado

- **Objetivo**: Apresentar notícias _____ oralmente.
- **Apresentador**: Inicia o jornal e lê as _____.
- **Locutor**: Apresenta cada uma das _____.
- **Manchete**: Título das notícias → lida na _____ para apresentar o jornal.
- **Notícias**: Escolhidas por serem _____ ao público → devem ser lidas de modo claro e compreensível.

PLANEJAR

2. Selecionem notícias sobre o meio ambiente.

3. A apresentação será feita como nos noticiários da TV: um aluno será o apresentador anunciando as notícias e os outros colegas do grupo serão os repórteres que fazem a locução dessas notícias.
4. Depois de o apresentador ler as principais manchetes do dia, um aluno iniciará a leitura da primeira notícia, passando depois a palavra para o locutor.

PRODUZIR

5. Antes de ler a notícia, o apresentador cumprimenta os ouvintes. Em seguida, lê as principais manchetes do dia.
6. O apresentador deve utilizar um roteiro com a sequência detalhada das apresentações, para orientar suas falas. Vejam as dicas a seguir.
    - Façam uma leitura silenciosa da notícia e depois algumas leituras em voz alta.
    - Tenham cuidado com a pronúncia completa das palavras, evitando reduzir o tom de voz, principalmente no final de cada uma delas.
    - Lembrem-se de que a entonação é usada para diferenciar, por exemplo, frases interrogativas de frases exclamativas.

REVISAR

7. Depois da apresentação do jornal falado, realizem uma avaliação coletiva, respondendo às seguintes perguntas:
    - O apresentador leu as manchetes de modo claro?
    - As notícias foram lidas de modo compreensível?
    - Foram escolhidas notícias interessantes para a turma?

COMPARTILHAR

8. Se quiserem, gravem em vídeo a apresentação do jornal falado e compartilhem com familiares e amigos.

Conheça

Livro
- *Árvores do Brasil: cada poema no seu galho*, de Lalau e Laurabeatriz. São Paulo: Peirópolis, 2017.
Com poemas, o livro apresenta quinze espécies de árvores nativas do Brasil, uma ilustração e um animal que se relaciona à árvore.

UNIDADE 7
Hora de conscientizar

O que você vai estudar?
Gêneros
- Campanha educativa
- Texto de divulgação científica

Intervalo
- Sinônimo e antônimo

O que você vai produzir?
Oficina de produção
- Campanha de conscientização

Texto 1

Antes de ler

1. Observe o texto a seguir. O que você acha que vai ler?
2. Quais são as cores utilizadas no texto? Onde mais essas cores aparecem?

MOVIMENTO VACINA BRASIL

É MAIS PROTEÇÃO PARA TODOS.

Mantenha sua caderneta de vacinação atualizada.
Para mais informações, acesse **saude.gov.br/vacinabrasil**

Imagem de divulgação da campanha Movimento Vacina Brasil, promovida pelo Ministério da Saúde.

Interagindo com a campanha educativa

1 Compare as cores utilizadas no cartaz com as da bandeira do Brasil. Na sua opinião, o uso dessas cores ajuda a chamar a atenção do público a que o cartaz se destina? Por quê?

2 Circule a única afirmativa **incorreta** sobre as imagens do cartaz.

☐ O boneco tem a cabeça em formato de gota, e há uma gota estampada no coração, o que representa a vacina.

☐ O boneco é branco para representar a área da saúde.

☐ O coração representa o motivo da vacinação, que é prevenir problemas do coração.

☐ O coração está relacionado à ideia de proteção da campanha: "proteção para todos".

3 Foram utilizados recursos diversos para a divulgação da campanha educativa. Veja:

▶ Adesivo para carro.

▶ Vídeo.

▶ Faixa.

- Por que isso é importante?

_____
_____
_____
_____

> A **campanha educativa** tem por objetivo alertar a população sobre um problema em áreas sociais (saúde, educação, cidadania etc.) e convida todos a colaborar com a causa. Convencer o interlocutor, ou seja, aquele a quem se pretende chamar a atenção, é uma característica fundamental desses textos. Para isso, são usadas **imagens**, **fotos**, **gráficos**, entre outros recursos, que ajudam a transmitir a mensagem de forma rápida.

4 Leia novamente esta parte escrita do cartaz.

MOVIMENTO VACINA BRASIL — É MAIS PROTEÇÃO PARA TODOS.

- Segundo o cartaz, por que a vacinação é necessária?

_____
_____

5 Leia novamente:

Mantenha sua caderneta de vacinação atualizada. Para mais informações, acesse **saude.gov.br/vacinabrasil**

- Quais palavras fazem referência indireta a quem lê o cartaz, dirigindo-se a ele?

_____

6 Com a ajuda do professor, leia o texto a seguir, que apresenta informações sobre a campanha.

JUNTOS, VAMOS VIRAR ESSE JOGO.

O número de pessoas vacinadas vem caindo no Brasil. Como resultado, doenças que já haviam sido eliminadas voltaram a fazer vítimas.

Para virar esse jogo, o Governo Federal criou o Movimento Vacina Brasil, uma série de ações integradas que visam conscientizar cada vez mais sobre a importância da vacinação para nossa saúde.

Brasil. Ministério da Saúde. *Movimento Vacina Brasil*. Brasília, DF: Ministério da Saúde, 10 abr. 2019. Disponível em: https://antigo.saude.gov.br/campanhas/ 45347-movimento-vacina-brasil. Acesso em: 22 out. 2020.

a) Sublinhe no texto a explicação sobre o motivo principal da campanha.

b) No contexto, o que significa "virar esse jogo"?

_____
_____
_____
_____

Texto 2

Antes de ler

1. Observe o texto que você vai ler agora. O que ele tem em comum com o **Texto 1**?

---

https://www.jornaljoca.com.br/tire-duvidas-sobre-as-vacinas-2/

Tire dúvidas sobre as vacinas

[...]

Como as vacinas são feitas e como elas funcionam no corpo humano?

1. Os cientistas identificam o causador da doença. Ele é chamado de **antígeno** e pode ser um vírus ou uma bactéria, por exemplo.
2. Em laboratório, a força desse antígeno é diminuída ao mesmo tempo que suas características principais são mantidas. Isso porque, ao ser aplicado pela vacina, o antígeno precisa ser reconhecido pelo **sistema imunológico**, responsável pela defesa do nosso corpo [...].
3. Em contato com o antígeno em versão mais fraca, o sistema imunológico desenvolve uma proteção contra ele [...]. Assim, quando o mesmo vírus [...] instalar-se de verdade, o corpo já saberá lutar para combatê-lo [...].

Vacinas são seguras?

A produção das vacinas é acompanhada por órgãos nacionais e internacionais de saúde para garantir que funcionem bem e de forma segura. [...]

No Brasil, as vacinas são oferecidas de forma gratuita em postos de saúde pública. [...]

Quando deixam de se vacinar, as pessoas podem estimular a volta de doenças que não estavam mais atingindo a população de determinado lugar. Sem proteção, quem não foi vacinado corre o risco de ajudar a espalhar um vírus ou bactéria que continua circulando em algumas partes do mundo.

Tire dúvidas sobre as vacinas. *Jornal Joca*, São Paulo, n. 145, 20 mar. 2020. Disponível em: https://www.jornaljoca.com.br/tire-duvidas-sobre-as-vacinas-2/. Acesso em: 28 out. 2020.

Glossário

Antígeno: vírus ou bactérias causadores de doença que são utilizados para fazer vacina.
Sistema imunológico: sistema de defesa do organismo.

Interagindo com o texto de divulgação científica

1 Qual é o tema central do **Texto 2**?

2 Qual é o objetivo do texto "Tire dúvidas sobre as vacinas"? Assinale a alternativa **correta**.

☐ Apresentar uma notícia sobre acontecimentos recentes.

☐ Contar uma história inventada.

☐ Instruir as pessoas sobre como se deve fazer para vacinar.

☐ Apresentar informações científicas sobre as vacinas.

3 O texto apresenta uma sequência de informações para explicar o funcionamento das vacinas no organismo. Numere as frases de 1 a 3 para colocar a sequência na ordem correta.

☐ Em contato com a vacina, o sistema imunológico desenvolve uma proteção para o corpo, o que evita a doença.

☐ O elemento causador da doença tem seu poder de contaminação diminuído para ser aplicado como vacina.

☐ Os cientistas identificam o que causa a doença ou o antígeno.

> O **texto de divulgação científica** expõe conhecimentos do campo da ciência. É composto de um tema central e de seu desenvolvimento. Pode apresentar ou não uma conclusão. Além disso, apresenta vocabulário técnico, isto é, há muitos termos da **linguagem científica**.

4 Leia novamente o trecho a seguir, observando a linguagem científica:

> **1.** Os cientistas identificam o causador da doença. Ele é chamado de antígeno e pode ser um vírus ou uma bactéria, por exemplo.

Segundo o texto, o antígeno é:

☐ um cientista.

☐ uma doença.

☐ o causador da doença.

☐ uma pessoa não vacinada.

5 Copie do texto a informação que explica o que acontece quando as pessoas deixam de se vacinar.

_____

_____

_____

_____

_____

6 O que você achou da leitura do texto? Acha importante ler informações como essas? Fale sobre isso com os colegas e ouça a opinião deles.

Intervalo

Sinônimo e antônimo

1 Leia o trecho a seguir:

> No Brasil, as vacinas são **oferecidas** de forma gratuita em postos de saúde pública.

- A palavra destacada pode ser substituída, sem mudar o sentido, por:

  ☐ vendidas.   ☐ doadas.   ☐ pedidas.

> **Sinônimos** são palavras que têm o mesmo sentido ou sentido semelhante – por exemplo: **rir** e **sorrir**. **Antônimos** são palavras que têm sentido oposto ou contrário – por exemplo: **rir** e **chorar**.

2 Reescreva a frase a seguir, substituindo a palavra destacada por um sinônimo.

> Quando deixam de se vacinar, as pessoas podem **estimular** a volta de doenças que não estavam mais atingindo a população de determinado lugar.

_____
_____
_____

3 Encontre os antônimos das palavras a seguir.

verdade: _____.

fraco: _____.

95

Oficina de produção

Campanha educativa

Você viu nesta unidade que campanhas educativas são fundamentais para conscientizar as pessoas. Essas campanhas são veiculadas nas redes sociais ou em cartazes, vídeos e áudios.

RECORDAR

1. Preencha as lacunas com as principais características de uma campanha educativa em um mapa mental. Complete as lacunas com as opções a seguir.

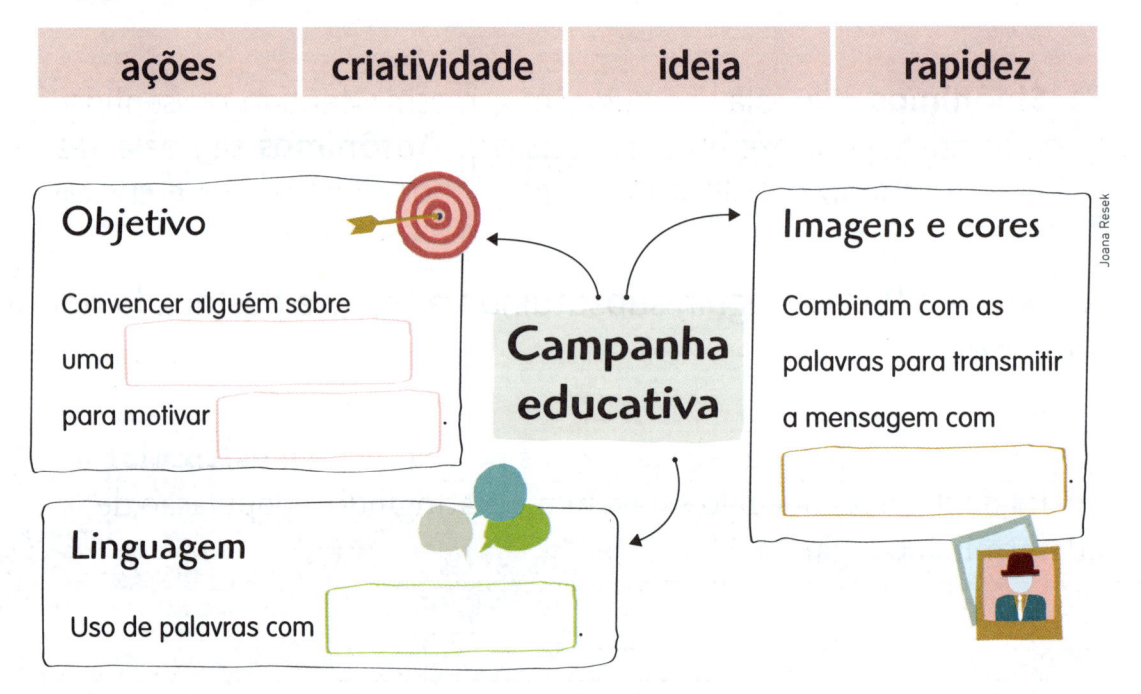

| ações | criatividade | ideia | rapidez |

Objetivo
Convencer alguém sobre uma _____
para motivar _____.

Campanha educativa

Imagens e cores
Combinam com as palavras para transmitir a mensagem com _____.

Linguagem
Uso de palavras com _____.

PLANEJAR

2. Em trios, planejem uma campanha educativa com o seguinte objetivo: **a importância de lavar as mãos antes de comer**. A campanha terá um cartaz e um áudio para serem divulgados nas redes sociais.

3. Recortem de revistas ou desenhem as imagens que vocês vão utilizar no cartaz.

4. Escrevam o texto para o áudio, com o *slogan* e a ideia principal da campanha. O áudio deve ter entre 15 e 30 segundos.

PRODUZIR

5. Agora vocês vão criar o cartaz e o áudio da campanha. **Lembrem-se**: o texto deve convencer o leitor.

Para o cartaz

6. Organizem a ilustração e o texto verbal de modo que combinem e chamem a atenção do leitor. O cartaz pode ser feito em uma cartolina, por exemplo, ou com base em um programa de edição no computador.

7. Escrevam um texto curto, simples e direto sobre a importância de lavar as mãos antes de comer e como evitar contaminação e doenças, por exemplo.

Para o áudio

8. Aproveitem as informações pesquisadas e o texto que escreveram e gravem o áudio usando um gravador ou o aparelho celular. A mensagem deve ser curta e convincente. É fundamental falar sobre os riscos de ingerir alimentos sem antes lavar as mãos.

REVISAR

9. Troquem o cartaz e o áudio com outro trio e avaliem:
   - O texto e as imagens do cartaz combinam, ou seja, estão em harmonia?
   - O cartaz utiliza bons argumentos?
   - O áudio está compreensível?

10. Se necessário, faça as alterações indicadas pelos colegas, antes de entregar a campanha para o professor.

COMPARTILHAR

11. Compartilhem os cartazes e os áudios, com amigos e familiares, para conscientizar as pessoas a lavar as mãos antes de comer.

Conheça

Livro
- *Jogando limpo*, de Leonardo Mendes Cardoso e Weberson Santiago (ilustrações). São Paulo: Editora do Brasil, 2015.
A mãe de Zé Descalço vivia preocupada porque ele estava sempre doente e sem ânimo para brincar. Até que um médico explicou que o cansaço era culpa da falta de higiene.

UNIDADE 8
Tem elefante na história

O que você vai estudar?
Gêneros
- História em quadrinhos
- Notícia

Intervalo
- Diminutivo e aumentativo

O que você vai produzir?
Oficina de produção
- Notícia (oral e escrita)

Sanda Lavandeira

Texto 1

Antes de ler

1. Quem são os personagens do texto que você vai ler?
2. Como são chamados textos como este?

Ivan Zigg. *O livro do Rex*. Rio de Janeiro: Nova Fronteira, 2013. E-book.

Glossário

CPF: sigla que significa Cadastro de Pessoa Física. É um número de documento que serve para identificar as pessoas no Brasil.

Quem é o autor?

Ivan Zigg é ilustrador, cantor e compositor. Nasceu no estado do Rio de Janeiro e já escreveu e ilustrou cerca de 90 livros infantis. Alguns deles são: *O elefante caiu*, *Só um minutinho* e *O futebol do Rei Leão*.

Interagindo com a história em quadrinhos

1 O objetivo principal do texto é:

☐ ensinar uma receita.

☐ discutir um assunto.

☐ contar uma história com imagens e palavras.

2 Sobre os personagens da história, marque as alternativas corretas.

a) Quem está contando a história?

☐ O dinossauro. ☐ O elefante.

b) Sobre quem é a história?

☐ O dinossauro. ☐ O elefante.

3 Em uma **história em quadrinhos**, as falas e os pensamentos dos personagens ficam em balões. Ligue as colunas, indicando o que cada balão representa.

fala

pensamento

> A **história em quadrinhos** tem como objetivo principal contar uma história por meio de imagens e palavras. Nela, a sequência dos acontecimentos é apresentada quadro a quadro, e a fala dos personagens geralmente aparece em balões.

101

4 Na história, o dinossauro Rex fala sobre o elefante. Responda:

a) Qual é a característica do elefante destacada por Rex?

_____

_____

b) O elefante se esquece de tomar banho. Será que ele se esqueceu mesmo ou fingiu esquecimento?

_____

_____

5 Releia o último quadrinho.

a) Por que a palavra **FIIILHO!** foi escrita com muitos **i**?

_____

_____

b) Por que as palavras **FIIILHO!**, **NÃO** e **IH!** estão em negrito?

_____

_____

c) Geralmente, em que situação é utilizada a expressão **IH!**? Que sentido ela tem na história em quadrinhos?

_____

_____

_____

d) Além de o elefante falar **ESQUECI!!**, esse esquecimento também é representado pela imagem. De que maneira?

_____

_____

_____

Intervalo

Diminutivo e aumentativo

1 Observe a foto e leia a legenda.

▶ Um filhote de elefante-de-
-sumatra se banha no rio
em uma área de conservação
localizada em Aceh,
na Indonésia.

a) Para indicar que o elefante é pequeno, foi utilizada a expressão **um filhote de elefante-de-sumatra**. Para retratar o tamanho ou fazer uma referência carinhosa ao animal, também podemos usar o diminutivo. Observe:

- A palavra **elefantinho** é diminutivo de **elefante**.

elefante    elefantinho

103

b) Escreva o diminutivo da figura a seguir.

presente _____

2 E se os objetos estivessem em tamanho maior?

a) Ligue cada uma das palavras ao seu aumentativo.

elefante   presentão

presente   elefantão

b) Pinte a parte que indica que a palavra está no aumentativo.

> Palavras no **diminutivo** indicam o tamanho menor de alguns seres e objetos, enquanto palavras no **aumentativo** indicam o tamanho maior de alguns seres e objetos.

Ilustrações: Brenda Bossato

Texto 2

Antes de ler

1. O que você acha que vai ler?
2. Quando o texto foi publicado?

---

https://www.jornaljoca.com.br/elefanta-ramba-chega-ao-brasil/

Brasil | 16 de outubro de 2019

Elefanta Ramba chega ao Brasil

Resgatado no Chile após denúncias de maus-tratos, o animal ficará em um santuário no Mato Grosso.

Resgatada após denúncias de maus-tratos, a elefanta Ramba, de 53 anos, chegou ao Brasil, vinda do Chile, no dia 16 de outubro. O animal foi o primeiro desse tipo a desembarcar no terminal de cargas do Aeroporto Internacional de Viracopos, em Campinas, no interior de São Paulo.

A viagem durou três horas e a **megaoperação** para recebê-la levou quase cinco horas. A chegada da elefanta de 3,6 **toneladas** (peso aproximado de 50 adultos) exigiu reforço na segurança, um **guindaste**, uma **empilhadeira** e uma equipe de 30 pessoas. Ramba foi trazida em uma caixa de quase 6 toneladas, com água, comida, controle de temperatura e câmeras internas.

▶ A elefanta Ramba no Santuário de Elefantes do Brasil, na Chapada dos Guimarães, em Mato Grosso.

Ela é a última elefanta de circo do Chile e há denúncias de que sofria maus-tratos. As negociações para trazê-la ao Brasil duraram seis anos. No país, ela ficará no **Santuário** de Elefantes do Brasil (SEB), localizado na Chapada dos Guimarães, no Mato Grosso, aonde deve chegar por transporte terrestre até o dia 18 de outubro.

No trajeto de 1.500 quilômetros, Ramba vai ser acompanhada de carros com água, comida (principalmente frutas e legumes) e uma equipe do santuário. A elefanta poderá parar em fazendas ao longo do caminho para se alimentar e passear. [...]

▶ As elefantas Ramba e Rana no Santuário de Elefantes do Brasil.

Elefanta Ramba chega ao Brasil. *Jornal Joca*, São Paulo, 16 out. 2019.
Disponível em: https://www.jornaljoca.com.br/elefanta-ramba-chega-ao-brasil/.
Acesso em: 14 maio 2020.

Glossário

Empilhadeira: máquina utilizada para transporte e empilhamento de cargas em lugares como fábricas e depósitos.
Guindaste: máquina utilizada para erguer e locomover objetos grandes.
Megaoperação: operação envolvendo muitas pessoas e máquinas.
Santuário: área preservada onde caça e pesca são proibidas, com a intenção de proteger espécies.
Tonelada: medida que equivale a mil quilogramas.

Interagindo com a notícia

1 A função da **notícia** que você leu é:

☐ contar uma história inventada que tem como personagem um elefante.

☐ informar alguém sobre um fato ocorrido com um elefante.

2 Onde a notícia lida foi publicada?

_____

> A **notícia** é um gênero que apresenta fatos, informações e acontecimentos, recentes ou atuais, que têm importância para o público leitor. Elas geralmente são veiculadas em jornais, revistas e portais da internet.

3 O título e o subtítulo de uma notícia informam o assunto de que ela trata.

a) Qual é o assunto da notícia que você acabou de ler?

_____

_____

_____

b) Ligue as colunas.

| **Elefanta Ramba chega ao Brasil** | subtítulo |

| Resgatado no Chile após denúncias de maus-tratos, o animal ficará em um santuário no Mato Grosso. | título |

107

4 Releia o primeiro parágrafo da notícia.

> Resgatada após denúncias de maus-tratos, a elefanta Ramba, de 53 anos, chegou ao Brasil, vinda do Chile, no dia 16 de outubro. O animal foi o primeiro desse tipo a desembarcar no terminal de cargas do Aeroporto Internacional de Viracopos, em Campinas, no interior de São Paulo.

- Complete a tabela com as principais informações da notícia.

O que aconteceu?	
Por que aconteceu?	
Quando aconteceu?	
Onde aconteceu?	
Com quem aconteceu?	

5 Observe uma **imagem** da notícia e a **legenda** que a acompanha.

▶ A elefanta Ramba no Santuário de Elefantes do Brasil, na Chapada dos Guimarães, em Mato Grosso.

Santuário de Elefantes Brasil

a) Descreva a imagem.

_____

_____

b) Para que serve a legenda que acompanha a imagem?

_____

_____

> Notícias geralmente são acompanhadas de **imagens**, que ilustram o assunto do texto. A imagem vem com uma **legenda**, que explica o que está representado nela.

6 Releia o trecho a seguir.

> A viagem durou três horas e a megaoperação para recebê-la levou quase cinco horas. A chegada da elefanta de 3,6 toneladas (peso aproximado de 50 adultos) exigiu reforço na segurança, um guindaste, uma empilhadeira e uma equipe de 30 pessoas.

- Pinte acima os trechos que indicam quantidade e responda abaixo: qual é a importância da apresentação de quantidades?

_____

_____

Oficina de produção

Notícia

Nesta unidade, você conheceu o gênero textual notícia, que informa sobre um fato atual.

RECORDAR

1. Observe no mapa mental as principais características de uma notícia. Utilize as palavras a seguir para completar o texto.

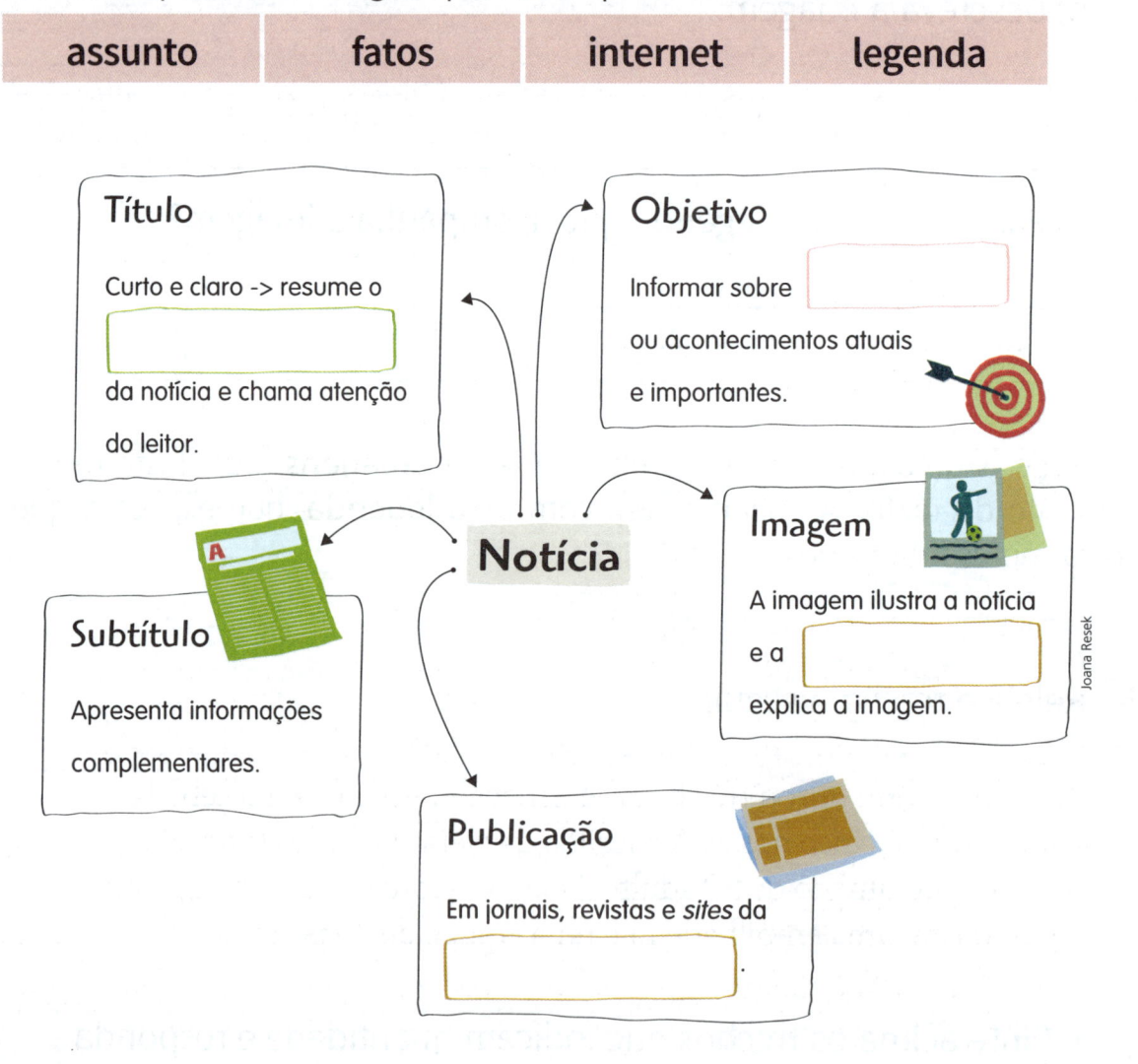

assunto	fatos	internet	legenda

Título
Curto e claro -> resume o _____ da notícia e chama atenção do leitor.

Objetivo
Informar sobre _____ ou acontecimentos atuais e importantes.

Notícia

Subtítulo
Apresenta informações complementares.

Imagem
A imagem ilustra a notícia e a _____ explica a imagem.

Publicação
Em jornais, revistas e *sites* da _____.

PLANEJAR

2. Reúna-se em um grupo com dois ou três colegas e escolham um fato que tenha ocorrido na escola, no bairro ou na cidade.

3. Sobre esse fato, respondam oralmente às questões:
   - Qual é o fato?
   - Onde ele aconteceu?
   - Quando aconteceu?
   - Com quem aconteceu?
   - Por que aconteceu?
   - Como aconteceu?

PRODUZIR

4. Organizem o material reunido e escrevam a notícia. Lembrem-se:
   - A linguagem precisa ser clara e direta.
   - No primeiro parágrafo, devem aparecer as principais informações.
   - Nos outros parágrafos (que podem ser dois ou três), escrevam detalhes sobre o fato.
5. Escolham uma imagem para ilustrar a notícia, com uma legenda que a explique.
6. Deem um título criativo à notícia, que chame a atenção do leitor. Se quiserem, criem um subtítulo.

REVISAR

7. Leiam as notícias dos colegas e observem:
   - A linguagem é clara e direta?
   - O título é chamativo e apresenta o tema?
   - As principais informações aparecem no início da notícia?
8. Façam os ajustes necessários antes de compartilhar a notícia.

COMPARTILHAR

9. Montem um mural com as notícias produzidas pela turma.

Conheça

Filme
- *Horton e o mundo dos Quem*, de Jimmy Hayward. EUA, 2007.
  Conheça as aventuras de Horton, um elefante bom de ouvido. Ele é tão bom nisso que escuta um pedido de socorro vindo de uma partícula de poeira que flutua no ar. Assim, Horton conhece os Quem, povo que precisa de sua ajuda para salvar a cidade de Quemlândia (102 min).

Bibliografia

ANTUNES, Irandé. *Lutar com palavras*: coesão e coerência. São Paulo: Parábola, 2005.

BAGNO, Marcos. *Preconceito linguístico*: o que é, como se faz. São Paulo: Loyola, 2011.

BAKHTIN, Mikhail. *Estética da criação verbal*. São Paulo: Martins Fontes, 2000.

BECHARA, Evanildo. *Moderna gramática brasileira*. 38. ed. Rio de Janeiro: Lucerna, 2015.

BRASIL. Ministério da Educação. *Base Nacional Comum Curricular*. Brasília: MEC, 2018. Disponível em: http://basenacionalcomum.mec.gov.br/. Acesso em: 25 mar. 2020.

BRONCKART, Jean-Paul. *Atividade de linguagem, textos e discursos*: por um interacionismo sociodiscursivo. São Paulo: Educ, 1999.

COSTA, Sérgio R. *Dicionário de gêneros textuais*. Belo Horizonte: Autêntica, 2008.

FARACO, Carlos A.; TEZZA, Cristóvão. *Oficina de texto*. 3. ed. Petrópolis: Vozes, 2003.

FREIRE, Paulo. *Medo e ousadia*: o cotidiano do professor. Rio de Janeiro: Paz e Terra, 2001.

KLEIMAN, Ângela. *Texto e leitor*: aspectos cognitivos da leitura. Campinas: Pontes, 2011.

KOCH, Ingedore V. O *texto e a construção de sentido*. 10. ed. São Paulo: Contexto, 2010.

MAGALHÃES, Tânia G.; GARCIA-REIS, Andreia R.; FERREIRA, Helena M. (org.). *Concepção discursiva de linguagem*: ensino e formação docente. Campinas: Pontes, 2017.

MARCUSCHI, Luiz A. *Produção textual, análise de gêneros e compreensão*. São Paulo: Parábola, 2011.

MORAIS, Artur G. *Ortografia*: ensinar e aprender. 4. ed. São Paulo: Ática, 2003.

NEVES, Maria. H. M. *Gramática de usos do português*. 2. ed. São Paulo: Unesp, 2011.

ROJO, Roxane; BARBOSA, Jacqueline P. *Hipermodernidade, multiletramentos e gêneros discursivos*. São Paulo: Parábola, 2015.

SCHNEUWLY, Bernard. O ensino da comunicação. *Revista Nova Escola*, São Paulo, n. 157, nov. 2002.